日本教育再生十講

―わが国の教育の本来あるべき姿を求めて―

至学館大学名誉教授・元愛知県立高等学校長
加藤 十八 著

協同出版

この本を読まれる皆さんへ

　安倍内閣は、「教育再生実行会議」を発足させて、わが国の教育の本来あるべき姿を求めている。その改革の方向は堅実で当り前の教育を推進すべく良い方向に狙いを定めている。民間においては、平成18年に「日本教育再生機構（八木秀次理事長）」が発足した。この教育再生機構は、"教育再生から日本再生へ"の旗印を掲げて、わが国の教育を本来あるべき姿に甦みがえらせるために鋭意活動して来ている。

　教育再生をしなければならない状況が、わが国の教育界には存在している。わが国は、敗戦後、戦前の教育理念や制度を大きく変えて、当時のアメリカ占領軍から与えられた進歩主義教育理念に基づく教育に根本から変えたのである。しかし、戦後70年を経て、このような子ども中心主義に拠る教育理念は、世界的に観てすでに"疲れ果てた古くさい（G.ブッシュ大統領：アメリカ2000教育戦略）"教育理念に成り下がってしまっていることをわれわれは知らなければならない。
　このような旧い進歩主義教育論は、今日では多くのところにほころびを生じてきており、これらを緊急に改革して、教育再生を行わなければならいのである。

　私は、わが国の教育が求める１つの原点は、明治５年の"学制仰せ出され書"にあると考える。封建制の江戸時代から、近代国家に生まれ変わった明治維新によってわが国の学制が発布されて、明治以降の活気のある教育制度が作られたと考えるのである。
　それは、四民平等、みんな一緒に学校に行き、一生懸命に勉強をする。よく努力した者は立身出世ができ、財産も得て良い暮らしができる、などの競争原理や自己責任主義が強調された素直な教育観に基づくものであった。
　その後、このようなあまりにも実利的過ぎる教育態勢に批判の声が挙がって

きた。このような率直なプラグマティックな教育観に加えて、人倫の道を教え人間陶冶を重視するための教育を、この実利主義的な教育観の上にさらに注入すべきであるという意見である。この趣旨のもとに修身科などの設置が行われ、儒教主義的道徳観を規範とする人間形成のための教育が加えられたのである。このようにして教育に関わる勅語が発布され明治の教育が成立したのである。ここにわが国の教育再生の原点を求めるべきであろうと考えるのである。

　いまひとつ、わが国の教育再生のために、どうしても欠かすことのできない視点は、アメリカをはじめとする西欧諸国の教育事情の実体を正視して、その良いところから多くを学ぶことである。また、諸外国の失敗や試行錯誤からも多くを学ぶことである。
　いま、アメリカの学校は極めて規律正しい。授業を受ける生徒たちは、遅刻はなく、授業中は静か、廊下は整列して移動する。教師は積極的に生徒を指導し、生徒は素直に教師の指導に従い、明るく自由にのびのびと行動している。アメリカにおいては、保護者による"基本に返れ"運動などによる、いわゆる伝統的な当たり前の教育態勢が確立されて成功しているのである。教育の根本である権威と尊敬を重視する合理的な教育態勢で、立派な教育が行われているのである。
　アメリカの教育の目指している教育観は、G. ブッシュ大統領が"アメリカを本来あるべき姿に戻すために"という伝統主義的教育への回帰を宣言して、それに基づく教育改革に成功したのである。このような伝統主義的な教育を尊重するという考え方は、イギリスやフィンランドなどの西欧諸国においても、数多くの成功例が見られる。本書には、これらの事例を数多く提示してあるが、これらの諸外国の事例は、わが国の教育再生のための良き指針を示しているのである。

　わが国の現在の教育学においては、奇妙な教育論が平然とまかり通っているところがある。例えば、管理してはいけない、権威や規則で縛ってはいけない、子どもたちに頑張らせてはいけない、競争させてはいけない、教師と生徒

は平等である、入学試験勉強では真の学力は身につかない、道徳的徳目を頭ごなしに教えてはいけない、カウンセリング方式のみで生徒指導ができる、などと、奇妙な教育論がまことしやかに主張されている。このような教育論は、われわれ一般市民が少し考えても間違っていると言える教育論であるが、現在わが国にはこのような奇妙な教育論がほぼ定着してしまっている感がある。

　今日において、文科省は、脱"ゆとり教育"に舵を切って、このような奇妙な教育観から教育再生に方向を変えようとしている。この考えは、今回の教育再生会議第九次提言にもよくこの趣旨が表れている。

　本著は、この第九次提言をさらに加速させるためのささやかな支援ともなることを期待して、10講の提言をしたものである。私は、現場の教師が、わが国の従来からの奇妙な教育論に拘束されることなく、自らの教育指導を、自らの教育経験に鑑み、自らで自由に発想し、真摯に実践指導を行って行くところから、わが国に本当に価値のある教育再生が生み出されるものと確信しているのである。

　このような実践的な教育指導の積み上げによって、真に役に立つスマートな教育学が創りあげられることになるであろう。ここにこそ現場の真摯な教師や素朴な父母たちの教育要望が達成されることになり、真に子どもたちのためになる教育再生ができうることになるであろうと信じるのである。

2017年3月

加藤十八

目　次

第1講　教育再生が進んでいる　11

第1節　明るく自由で規律ある教育を目指して　11
　　1　学校教育が正されてきた
　　2　教育再生会議の狙い

第2節　どのような教育が良い教育であるか　14
　　1　伝統的教育とは
　　2　教育の3作用

第3節　日本の教育は奇妙である　16
　　1　伝統的教育と進歩主義教育
　　2　進歩主義教育一辺倒のほころび
　　3　奇妙な教育論のしばり

第4節　伝統的教育への回帰　19
　　1　わが国の教育をどのように再生するか
　　2　現場の教師はどのようにすべきか

第2講　アメリカの教育変革の流れに学ぶ　23

第1節　アメリカの伝統的教育　23
　　1　アメリカ教育の変革を観る
　　2　伝統的教育の確立

第2節　アメリカ教育のゆらぎ　26
　　1　進歩主義教育の台頭と衰退
　　2　科学技術教育の台頭
　　3　教育の人間化論
　　4　初期のオルタナティブ教育論

第3節　アメリカ教育の建て直し　33
　　1　教育の人間化論への反発

2　健全な学者たちの反論
　　　3　歴代大統領の教育改革
　第4節　ニューヨーク市の教育再生　36
　　　1　ブルームバーグ市長のリーダーシップ
　　　2　危機介入の手立て
　　　3　違反行為と教育的指導措置
　第5節　アメリカの学制と大学入試　40
　　　1　アメリカの学校制度
　　　2　アメリカの大学入試
　　　3　大学推薦の実際
　　　4　東京都の教育改革はアメリカの教育を倣っている

第3講　明治維新の精神から教育再生を考える　47

　第1節　学制仰せ出され書の発布　47
　　　1　明治維新による近代化
　　　2　教育再生の原点
　第2節　人格形成の重要性　51
　　　1　儒教精神と教育
　　　2　教育に関する勅語
　第3節　わが国の教育の本来あるべき姿を求めて　54
　　　1　戦前の教育をどう見るか
　　　2　徳治主義教育理念への郷愁
　　　3　教育再生の方向はどうあるべきか

第4講　高校卒業認定試験を行う　59

　第1節　学力の向上を図る　59
　　　1　学習指導法と学力
　　　2　学力の向上を図るには
　第2節　アメリカの学力向上策を見る　62

1　アメリカの学校教育
　　2　アメリカの学力向上策
　　3　各州の学力向上策
　第3節　アメリカの教育は真面目である　71
　　1　アメリカの高校卒業率は低い
　　2　オルタナティブスクール

第5講　才能教育を進める　75
　第1節　才能教育をどう観るか　75
　　1　わが国の教育学では才能教育の研究はタブー化されている
　　2　才能教育の在り方
　第2節　アメリカの才能教育　79
　　1　才能教育はどのように行われているか
　　2　才能教育の実際を見る
　　3　高校における高度な学習
　第3節　イギリスの才能教育　85
　　1　学力の公の認定
　第4節　わが国の才能教育をどのように推進していくか　86
　　1　才能教育の障害を克服する
　　2　中・高一貫教育を拡充強化する

第6講　学校規律を正さなければならない　89
　第1節　自由と規律の概念を明らかにする　89
　　1　真の自由とリベラルな自由
　　2　自主性ということ
　第2節　生徒指導の在り方　93
　　1　生徒ハンドブックを整備する
　　2　生徒指導に関する重要な4つの原理
　　3　わが国には実践的な生徒指導法が確立されていない

第3節　日本の学校におけるカウンセリング的指導　98
1　学校におけるカウンセリングは間違ってはいないか
2　わが国の学校カウンセリングについての反省
3　生徒指導に明るい光

第4節　真の生徒指導の実践　103
1　現場の教師たちの実践
2　現場教師の目覚め

第5節　いじめにどう対処するか　106
1　いじめに対する実学的指導
2　アメリカにおけるいじめ対策
3　アメリカでは多様な指導で効果を上げている

第7講　オルタナティブ教育を進める　111

第1節　オルタナティブ教育とは　111
1　教育の多様性
2　初期のオルタナティブ教育の影響

第2節　オルタナティブスクールが教育を建て直した　115
1　初期のオルタナティブ教育に反対
2　オルタナティブスクール概念の変更
3　オルタナティブスクールの実例

第3節　オルタナティブスクールに対する日本の反応　120
1　わが国のオルタナティブ教育観
2　問題生徒をどのようにして立ち直らせるか
3　情緒主義から法治主義へ

第4節　発達障害の生徒をどのように指導するか　125
1　専門家による正しい指導が期待される
2　多様な個性が生かされる教育の実現

第8講　品性教育を推進する　129

第1節　わが国の道徳教育論　129
1　わが国の道徳教育観
2　わが国の道徳教育の成り立ち
3　戦後の道徳教育論

第2節　アメリカの道徳教育の変遷　133
1　アメリカの伝統的教育
2　道徳教育の再建
3　キャラクターエデュケーション（品性教育）

第3節　品性教育を進める　140
1　日米道徳教育観の違い
2　わが国の道徳教育をどのように進めるか
3　品性教育を進める

第4節　愛国心を育てる　146
1　良い市民となるための教育
2　愛国心をどのように涵養していくか

第9講　教育のレーマンコントロールを進める　151

第1節　アメリカのレーマンコントロール　151
1　アメリカの地区教育委員会
2　政治が教育を主導する
3　わが国の教育委員会

第2節　レーマンコントロールが教育学の実学化を果たす　156
1　教育学は誰のものか
2　諸外国の教員の勤務態様

第3節　アメリカと日本の教育学の違い　162
1　アメリカの教育学はどのようであるか
2　わが国の教育学は実学的でない―どう直していくべきか

3　教育再生会議は現場の教師に期待している

第10講　教育学を実学化しなければならない　169

特別寄稿「教育の実学化に向けて」　169
　　記録をとることの重要性
　　理論と実践がともに鍛えあうために
　　社会総がかりでの教育の改善に向けて

第1講
教育再生が進んでいる

第1節　明るく自由で規律ある教育を目指して

1　学校教育が正されてきた
日本の子供たちの眼が清らかになってきた
　いま、小学生の子供たちが、われわれ大人に対して、通りすがりに"今日は！"と大声であいさつをしてくれる。中学生たちは、きちっとした制服姿で、道路わきをきちんと列を作って静かに下校していく。高校生たちは、地下鉄の中で老人に積極的に席を譲ってくれる。子供たちから青少年に至るまで、一昔までの日本の若者たちに比べて、清らかな姿になってきて、彼らの眼がすがすがしくなってきている。
　ここ四半世紀前の日本の若者たちは荒んでいた。落ち着かない眼をギラギラさせてなんとなく反抗的な姿であった。タバコを吸う者、ケンカをする者、電車内で寝転がって座席を独り占めにする者など、がよく目についた。ちょうど1970～80年代のアメリカの若者の状態を生き写していたようであった。
　いまのすがすがしい生徒たちの姿から見れば隔世の感がある。このことは、世論を背景にして、現場の教師、教育行政などが、鋭意努力してきた教育指導の結果である。特に現場の教師たちが、"学校規律"に対して的確な指導を日常的に行っていることの証左であろう。このような状態を今後も続けていけば"教育再生から日本再生へ"との教育目標が達成できることになるであろう。

解決しなければならない問題が多くある

　このようにうまく学校規律が正されている学校や地域は、全国的に見れば、"いまだに道遠し"の感のあるところも多くあろう。いじめ、不登校、中途退学、教師に反抗、などのわが国特有な負の教育問題は、全国的にはいまだに解決されてはいないのである。これらの難しい諸問題を解決しなければならないのが目下の教育の課題である。

　この機において、平成28年5月に「全ての子供たちの能力を伸ばし可能性を開花させる教育へ（第九次提言）」を、教育再生会議が提言したことはまことに時宜に適しているところである。

　従来の文部省時代においては、ゆとりの教育に見られるように進歩的教育理念に衒って、観念的で非実効的なリベラルな改革論であった。これに対して、この第九次提言は、「足が地についている実効的な教育改革論」であるということができる。このような改革であれば、現場の教師たちは、意欲をもってこの提案の趣旨に沿って努力していくことは間違いのないことである。

2　教育再生会議の狙い

改革の具体的狙い

　この提言の中には、子どもたちの能力を伸ばしていくための多くの適切な提言が示されている。この中から、私の自らの教職経験を通して、教育再生に特に重要であると考える分野についての核心的なキーワードを抽出してみた。これらの重要な改革のセンテンスを次に挙げる。

① 　教育理念・制度の分野の問題
・すべての子供の能力を最大限に伸ばす教育
・教員の資質の向上；教育の中核を担うのは何といっても教師である
・「教育は未来への先行投資」；この認識のもとに国家戦略として教育財源の確保を明確にする

② 　学習指導の分野の問題
・これまでじゅうぶんに伸ばせていなかった能力を開花させ、社会の中で活躍できる可能性を広げること
・塾などに頼らず、習熟度別少人数指導、放課後の補充・発展学習などの取り

組みを一層推進し、基礎学力の充実を図る
③　才能教育の分野の問題
・より細かい習熟度別少人数指導や補充学習を推進する
・子供のころから研究者や芸術家などの本物の専門家に出会う機会の充実
・数学や物理、科学、プログラミングの分野に特に高い関心や能力を持つ生徒のための高度な学習指導を促進する
・国は、理数分野等で突出した意欲や能力のある小中学生を対象に、その能力を伸ばすための新たな取り組みをする
・高等学校においては、スーパーサイエンスハイスクールなどの成果を検証しつつ、アドバンスドプレースメントを参考に早期から大学レベルの教育を受ける
・「飛び入学」を行い、優れた能力を大きく伸ばす
④　生徒指導の分野の問題
・優れた能力やリーダーシップなどの資質を大きく伸ばすことに対する教育
⑤　オルタナティブ教育の分野の問題
・不登校、中途退学者に対応する、フリースクールなどでの多様な学びの支援
・不登校の子供たちを対象とした特別な教育課程を編成・実施する学校
・特に優れた能力やリーダーシップなどの資質を、公教育の場で最大限に伸ばせるようにすること

教育の多様性（ダイバーシティ）

　また、教育の多様性の充実について特に強調している。現代は、従来の工業中心社会から情報・知識の成長を支える社会に入った。この機にあたり、科学技術の発展やグローバル化の進展のもとに、一人ひとりが多様な個性や能力を発揮して、新たな価値を創造していくことが重要である。人は、互いの強みを生かし合い、人が人としてより幸せに生きることのできる「多様性（ダイバーシティ）」に富んだ社会を築いていくことが、不可欠である。単なる形式的な平等性を重んじて、「みんな一緒」に画一的な教育を行っていてはならないのである。

　この観点から見るとき、今回の九次提言が、才能教育やオルタナティブ教育

の分野を重視していることがよく分かる。一人ひとりの才能を最大限に伸ばすこと、個々の生徒に対して落ちこぼれない教育を慎重に行っていくことなどを特に強調しているのである。

第2節　どのような教育が良い教育であるか

1　伝統的教育とは
教育とは文化である

　教育とはどのようにして成立したのであろうか、このことについて考えてみる。教育の在り方の形成は、その家族、コミュニティ、国民、民族が、それぞれに自然に創り上げてきた文化形態の1つである。教育の在り方を創り上げてきた文化とは、わが子を"良い子"に育てるために、親から子へ、子から孫へと自然に伝えられてきた文化的形態であり、われわれが祖先から受け継いできた大切な遺産である。

　このようにして創りあげられてきた教育文化は、その国家・国民、各コミュニティ、各家庭においてそれぞれに違うようには見える。しかし、これらの種々の教育文化の形態の根幹となるものは、世界的な大きな視野で見るとき意外にも、多くの共通点を持っているのである。それぞれの教育文化の共通に一致するところは、わが子が良い子に育つように、またわが国民が優れた良い国民となるように、との願望を満たすような方法論には共通するところが多いのである。

教育学の成立

　このような教育文化の形態を教育学として一応の形づくりをしたのは、ドイツのJ．ヘルバルト（1776～1841）であるというのが、今日の大きな見方の1つとなっている。

　ヘルバルトは、このような教育学の根幹となる概念は、「陶冶性」と言う理念を最も重要視した。その陶冶すべき内容は、強固な「道徳性」と確かな「知識」を育成することを教育が果たすべき目標であると考えた。このような概念を、ペダゴギー（pedagogy；教育学）と称し、教育の目的は、「道徳的人間性

を陶冶するための強固な意志を育成するための訓練」にあるとした。

彼は人を教育するための教授法には、管理、教授、訓練の3作用が必須であると主張した。そのうち、教育の究極の目的は訓練にあるとし、管理・教授はいずれもその手段であると考えた。このように教育を行う目的や、その目的を達成するための教授法についての一応の系統づけを行ったのである。この意味で彼は教育学の祖と言われるのである。

2　教育の3作用

このようにヘルバルトの意図する教育の3作用とは、

① 管理とは　子どもは元来粗野な面を持っておりそれを取り除くために、教師は、「こうしなさい、こうしてはいけない」と厳格に指導することである。そのための指導方法としては、称賛、褒賞、威嚇、罰、命令、禁止などの指導を適切に行うことである。

② 教授とは　先人の創りあげた知識や文化遺産を確実に継承して的確に教え込むことである。そしてそれが単なる知識や技術の習得にとどまらず道徳的品性の向上に資するように導くことが重要である。

③ 訓練とは　子どもの心情に働きかけ学習意欲を高め、くり返し実践させ常に努力することを習い性とする。そして人間的な強固な道徳的品性を身につけさせる。

このように教育の目的とは、「道徳的な品性の陶冶に役立つ知識を教え、これを確立するための強い意志を身に付けるための訓練をする」ということである。このような教育指導観は、今日においては一般に伝統的教育と呼ばれ、古今東西にわたってごく普通に受け容れられてきた教育観である。このような教育観は、世界的に見てもほぼ共通にごく当たり前に価値あるものとして理解されており、現実に世界の多くの国で実践されているのである。

すなわち、伝統的教育とは、

① 学校や教師は常に権威を保持し規律正しい教育をする
② 先人の文化的遺産や学問的な知識や筋道をしっかり教え込む
③ 生徒の行動規範を規定して規律正しく行動させ、道徳的品性を陶冶する
④ 国を愛し社会に役に立つ人材を育成する

このような教育理念で、教育が行われているのが古今東西に渡ってごく当たり前のことである。このような教育観は、世界的に共通に受け容れられているのである。

第3節　日本の教育は奇妙である

1　伝統的教育と進歩主義教育

ところが、1920年代になって、子供中心主義の教育理念を掲げる"進歩主義教育（Progressive Education）"が、アメリカにおいて台頭してきた。この新教育理念に対して、従来からの当り前の教育を"伝統的教育"とことさら呼ぶようになった。このことによって当たり前の教育が、あたかも古い教育法であるかのような印象を与えるようになった。

このことについて、進歩主義教育の主唱者であったシカゴ大学のJ. デューイは、「教育理念を教師中心から子供中心へのコペルニクス的大転換をするべきである」と主張し、1919年に進歩主義教育協会を発足させた。その後、この協会への加盟が急速に拡大して行って、1920～30年代は、アメリカの公立学校のほとんどは、この新教育を標榜する協会に加盟したのであった。

わが国においては、1945年の日本の敗戦によりアメリカ占領軍から、進歩主義教育の理念とその制度（6・3・3制）を導入させられた。当時のアメリカではすでに自然科学者や一般市民たちから進歩主義教育の効果に疑問が持たれており、不評となっていたのである。しかし、わが国の教育学者たちは、このアメリカではすでに不評となっていた進歩主義教育を、絶対的に良い教育理念であると喧伝して、今日まで70年間にわたって後生大事に守り通してきているのである。

そして、わが国の教育学は、従来からの伝統的なふつうの教育、すなわち教師が権威をもって、しっかり生徒を管理して、規律を正し、学力を向上させるという伝統主義的教育を全面的に否定してきた。この誤っていると考えられる進歩主義教育論一辺倒で教育論を展開するところに、わが国の教育の奇妙さが生じてくるのである。

2 進歩主義教育一辺倒のほころび
イイコ症候群
　このような奇妙な教育論の一例を挙げてみる。有名大学に入学した優秀な学生が、犯罪的行為を犯したことについて、大きく報道された。このことについて、わが国を代表する教育評論家である尾木直樹氏は、次のように論評している。「感性豊かで頭もよく、手のかからない優等生タイプで、常に親の顔色を窺い親を喜ばせようと、自分の本音も出せず子供らしい感情や価値観も抑制して「イイコ」を演じてしまう。そういう子は自分の感情や価値観が形成されない。」（尾木ママ；週刊文春、2016、3、17）と、述べている。このことは、"良い子"になろうとする形から入って行くような、うわべだけの良い行動やそれに努力させる教育を否定してしまうような教育論を展開する。いわゆる一般の教師や父母が考える教育とは異なるような批判を展開するのである。

　現場の教師や父母は、わが子が"良い子になるように"と、褒めてご褒美を与えたり、注意したり叱ったり時には威嚇したりして、さらには罰を与えたり強制したり、などの伝統的な当たり前の教育指導（ヘルバルト式の）をわが子の育成のために一生懸命に行うのである。

　このような伝統的な管理や教授や訓練に関わる当たり前の教育方法を否定されてしまっては、真摯な教師や父母は、どのように子どもたちを教育したらよいか、その指導方法に迷ってしまうのである。

　これは尾木先生に限らずわが国の教育学者のほとんどの先生方も、尾木先生同様に、子ども中心主義の固い鋳型にはめ込まされて同じような教育評論をしてしまうのである。心の中ではそうは思わない教育学者の先生方も多いはずであろうが、みんな一緒になって、みんな一緒のイイコ症候群論賛成に陥ってしまうのである。このような思考統制とも思われるような情況におかれてしまっているのが、わが国の教育学会ではないであろうか。

ゆとりの教育
　このような教育評論を教育学会挙げて一致させているのが、わが国の教育界の情況である。そして、その結果は、先に失敗した学習指導におけるゆとりの教育論であり、生徒指導論におけるカウンセリング的指導論などとなって表れ

てくるのである。例えば、

「総合的学習法によって指導すれば、個々の教科の知識の習得ではなく、教科横断的な総合的知識や技能が身につき、真の学力が醸成される。教科ごとの時間数を減少させて"ゆとりのある教育"によって"生きる力"が育成される。また、生徒規律指導論においては、校則や規則に頼らず、教師と生徒の信頼関係に基づき、生徒理解をして、カウンセリングマインドで接して心のケアをしてやれば、学校規律は良くなる。」などの観念的な教育論が、まことしやかに喧伝されているのである。しかし、このような指導法では、現実の学校ではその教育効果は上がらず、学力は低下し学校規律は乱れ、世評の失笑を買ってしまうような結果となったのである。

3　奇妙な教育論のしばり

このように現実には効果の上がらない奇妙な教育論が、良い教育であるかのように規定されてしまうのがわが国の教育学界である。この結果は、次のような間違った教育観が、わが国の教育界にほぼ定着して来てしまっているのである。

① 権威や規律の価値を低く見る　権威や規則を基にして学校規律を保持しようとする教育は良い教育ではない。生徒理解のもとに教師は目線を下げて、生徒の自主性を重んじ、生徒の主体的な行動を尊重しなければならない。

② 学問的系統性や知識の価値を低く見る　教師の豊富で高度な知識を背景にして、的確な指導のもとに学問の系統性や知識を教え込み、それを習得させるような学習指導は良い教育ではない。子ども自身で教材を選び子ども自身で体験的に学習し、子ども自らで問題を捉え問題解決をする学習法でなければならない。

③ 伝統的な訓育や道徳観の価値を低く見る　伝統的な文化観に立って訓育し道徳的徳目を教え込む教育は良くない。教師と生徒の信頼関係を重視して、生徒自らの行動体験に基づいて彼ら自身の心の葛藤を通して、彼ら自身による道徳的価値判断をさせるのが良い。

④ 愛国心教育を強制してはならない　国や郷土を愛することを頭から教え込む教育は良い教育ではない。子どもたちが自らの生活経験を通して、彼ら自

身の経験を通して、彼ら自身で自主的主体的に自然に国を愛する態度が醸成できるようにしなければならない。

このように、わが国の教育学では、世界のどこの国でも普通に行われている伝統主義的な当たり前の教育観のほとんどを否定してしまうのである。このゆえに、我が国独特の奇妙な子ども中心主義や人間尊重の教育論のみが強調される教育観となるのである。

第4節　伝統的教育への回帰

1　わが国の教育をどのように再生するか

このような奇妙な教育観に苛まれているわが国の教育界を、どのように変えていくかがわが国の教育再生の重要な目的である。教育学者、教育行政、現場の教師がそれぞれの立場に立って、わが国の奇妙な教育の現状を正しく認識して、伝統的な普通の教育に立ち戻って行かなければならない。その基盤となる重要な論点を次に挙げてみる。

教育学研究における思考の自由が求められる

わが国の教育学者の先生の一人ひとりは、その能力においては極めて優れていると考えられる。その教育学者の先生たち個人の優秀な能力を十分に発揮していただくにためには、一に懸って"自由な"研究を"自由に"進めていただけることである。

わが国の教育学者の先生方が、世界の教育事情に広く目を向けて伝統的な当たり前の教育の重要性を認識して、その基盤の上に立って、必要に応じてリベラルで進歩主義的教育をも併せて、広い視野に立って、自由な教育論を展開していただけることを願うのである。旧態依然たる"みんな一緒"の全体主義的な進歩主義教育論のみに縛られていてはならないのである。

教育行政は子どもたちのためになる教育を目指さすべきである

わが国の教育行政者たちは、真に子どもたちのための実効的な教育行政を目指し始めている。マスコミや一部の学者先生たちの批判に耐えられるかどうかの視点に振り回されなくてよいのである。

例えば、総合的学習によって"生きる力"が身につくとか、カウンセリングや心のケアで生徒指導ができるとか、あるいは学区制によって教育格差が解消できるとか、などの奇妙な観念的教育論に与する必要はなくなりつつある。しかし従来の教育行政の下において、それを忠実に果してきた公立学校においては、結局規律の乱れや学力低下の情況を招いてしまう。したがって、一般の市民や父母たちからの公立学校不信の風潮を招いてきてしまったのである。

　大多数の善良な父母たちは、規律と学力の向上を望み、わが子の良き進路希望が達成できることを願っている。教育行政者たちは、教育学者たちの主唱する奇妙な教育論よりも、教育を受ける側の父母や子どもたちが素朴に望む教育を、的確に捉えて、真に子どもたちのためになる教育行政を行わなければならないのである。このことを念頭において良い教育行政を行い、素朴な善良な一般市民からの公立学校離れを招いてはならないのである。

2　現場の教師はどのようにすべきか
教師が奇妙な教育論に従いすぎてきた

　わが国の多くの教師たちは、教育学者たちの主唱する教育学を権威あるものとして、一般的にはそのすべてを受容してしまう傾向にある。総合学習、ゆとりの教育、生きる力、カウンセリング的指導、心のケア、自主的・主体的指導の尊重、教師が目線を下げる、などの奇妙な見せかけの観念的な教育指導法を比較的素直に受け容れてきたのである。多くの疑問を抱きながらも教育学者の先生方に比較的忠実に従ってきたのである。

　このような非実効的、非実学的な教育指導では、優秀な教師たちがいかに努力しても到底効果の上がる結果は見えてこなかったのである。ここには、多くの優秀教員たちをバーンアウト（燃え尽き症候群）の状況にも陥れてしまったのである。

　これらのリベラルな進歩主義的な非管理教育論は、アメリカがすでに1970～80年代に大失敗を犯してしまったことで明らかなように、このような教育を見倣ってしまっては、教育の荒廃を招くことは自明の理である。（第2講で詳述）

　わが国の教師たちは、子どもたちのためになる真に効果のある教育指導をして来なかったかどうかについて、率直に反省しなければならないのである。そ

して、真に効果の上がる本当の学力達成や規律指導に、自信を持って取り組んでいく必要がある。

ティーチャー・ファースト（現場教師第一）主義

　これからの教育指導は、現場の教師たち自身の実践体験によって確立でき、効果の上がる教育指導観が求められるのである。現場の優秀な教師たちが、結果的には子どもたちのためになる本当に良い教育研究を行うべき時期になってきている。

　今後わが国の教育を変革して行くためには、現場の教師が主軸となって教師一人ひとりが自由に発想し、自らの合理的教育論をはっきりと主張して行くべきである。このことこそが、奇妙な教育学から脱して、現場教師が自信をもって責任のある教育指導ができるのである。このようなティーチャー・ファースト（Teacher First）の教育理念を持つことこそが、子どもたちのためになる真に役に立つ教育学が創られ、父母の教育要求に応えられる当たり前の教育に戻すことができるのである。

教育再生への提言

1　伝統的な当たり前の教育に回帰するべきである
2　現場の教師は自らの権威を高め、自由度の高い教育指導をするべきである

第2講 アメリカの教育変革の流れに学ぶ

第1節　アメリカの伝統的教育

1　アメリカ教育の変革を観る
70年代のアメリカの教育革新の経験

　私は、学校を卒業後、まず名古屋大学教育学部付属中・高等学校に、中学校理科、高校物理の教師として、16年間勤務した。この間、アメリカ教育学の泰斗である名古屋大学教授田浦武雄先生やその他の教育学部の先生方のご教示を得て、アメリカ教育についての基礎的事項を学び関心を深めた。その後、1973年に、ハワイのイーストウエストセンターへ留学して、「教育管理と教員養成」の研修に参加した。この間地元のカラニ高校へ出向いて教育実習を行った。このときの私の教職経験は何物にも代えがたい私にとって良いキャリアとなった。70年代当時のアメリカの過激とも見える教育革新の現実に遭遇して、私の従来から持っていた教育観は大きく揺さぶられたのである。

　その後、30回近くにわたり、アメリカの学校や教育委員会や大学などを訪問し、70年代から今日に至るまでのアメリカ教育の変革・変遷について、つぶさに観てきたのである。これらの体験をもとにして、アメリカ教育の変遷と革新の情況を観るとき、わが国の教育が学ばなければならないこと、及び倣ってはいけないことの多くを見てきたのである。このような見地からアメリカの教育事情を参考にすることは、わが国の教育再生に非常に重要なことであると考え

るのである。

アメリカ教育の原点—ピューリタン精神

アメリカの教育理念は、ヨーロッパからの移民であるピューリタン（清教徒）たちの信仰心に精神的な基盤に置いている。ピューリタンたちは、「子どもの心は、口では言えないほど不道徳で、神から遠ざかり、飽くことのない虚栄心を追い求める。それゆえに、子どもたちは一層大きな罪を背負って生きているのである。このように子どもたちが罪びとである以上、"矯正のための鞭"が従順さを教えるための重要な手段である。」と、考えている。

このように、彼らはキリスト教の持っている一般的な原罪観を基盤にして、その上に教育論を展開させるのである。したがってアメリカの伝統的な教育観は、学校規律を厳正にして神のもとに良い人間性を育成することを教育の目的としてきたのである。

中世ヨーロッパにおける一般的教育観は、カソリック教会や金持や貴族たちのための教育志向に大きく傾いていた。それに対して、下層階級の農奴たちの多くは、宗教改革に応じてカソリックから新教（プロテスタント）に改宗したのである。アメリカに渡った下層階級の多くの移民たちは、このような旧いカソリック教に対しては堕落した宗教であると考え、そこから逃れるために、新しいピュア（清らか）な信仰を目指したのであった。

新興国アメリカにおいては、アメリカへ来た者は、ヨーロッパのどこの国から来たか、あるいは彼らが農奴であったかどうか、などの過去の経歴や階層などは問わず、すべて平等なアメリカ国民と見て、"自由・平等"の人間としての基本的精神の上に立って、公平な教育制度を目指したのである。

2 伝統的教育の確立

公立学校制度の成立

この理念は、マサチューセッツ州教育委員会会長であったH. マンなどによって、19世紀はじめになって公立学校制度の成立によって達成されたのである。このことによって、すべての子どもたちが教育を平等に受けられるようになったのである。個人個人のパイオニア精神を重視し、個人の努力と責任のもとに、"自由、平等、独立"の精神を尊重し、アメリカ国民としての愛国心を

意識させ、自尊心、名誉、権威などを自覚させるような教育態勢の確立を目指したのである。

アメリカの伝統的教育とは

このようにして、アメリカの伝統的な教育制度の基盤が固められたのである。そして、教育形態の中身について最終的に最も大きな影響を与えたのは、19世紀後半の連邦政府の教育省長官 W. ハリスであると言われている。彼は、「子どもは既存の秩序にすぐに慣れ、それを一つの習慣として素直に服従できる。」と考え、子どもの欲求充足を抑え、権威への服従の重要性を、教育の柱と考えた。

彼は、このことに留意して、学校の制度や校風（エトス）や環境がしっかりとしておれば、特別な教育は必要がないと考えた。すなわち、学校規律が正されておれば、形には現れない"隠れたカリキュラム（hidden curriculum）"が自然に形成されるという考え方である。この理念を実現するためには、子ども一人ひとりの品性を高めること、及びもう一つは子どもの社会的徳性を涵養するべきであると主張した。このために、次のような教育指導の重要性を訴えたのである。

① 機械的徳目（mechanical virtue）の重視

子ども個々人の品性を高めるためには、インカルケーション（一方的に）的に教え込むことが必要であると考えた。時間厳守、規則遵守、規律、静粛などの習慣は、理屈なしに機械的に子どもたちに教え込めば、何の抵抗もなく受け容れられ、実行でき、身につくものである。このようにして個人的な良い行動態度を身に付け品性を高めることができると、考えたのである。

② 社会的徳目（social virtue）の重視

もう一つ重要なことは、社会生活を行っていくために他人との関係を良くするために、自分で自分自身を規制する徳目を重要視した。自己を規制する、他人と調和する、礼儀正しくする、正義を守る、他人に尽くす、権威を尊重する、国に尽くす、などの徳目を重要視したのである。

このようにして、アメリカの学校は、19世紀から20世紀初頭にかけて、学校管理と、規律と、秩序を重視する教育の基本理念が明確になり、その体制がほ

ぼ確立されたのである。このような教育態勢がアメリカの伝統的な教育であり、今日に至るまでそれが基盤となっており、その根本はゆらぐことなく続いてきている。

第2節　アメリカ教育のゆらぎ

1　進歩主義教育の台頭と衰退

進歩主義教育とは

　20世紀になって、アメリカの国力が向上しヨーロッパに対して肩を並べるか、あるいはそれを追い越すようになってきて、一般国民の生活も豊かになってきた。このような社会情況のもとに、アメリカの伝統的教育が、あまりにも規律重視で厳しすぎるとの批判が、教育学者たちの間から起こってきた。

　J.デューイらは、1919年に進歩主義教育協会を発足させて、従来からの伝統的な教師中心主義教育理念に変えて、子ども中心主義理念による"進歩主義教育"論を唱えたのである。彼らは、この新教育を推進するために進歩主義教育協会を設立し、全米の学校にこの教育理念に賛同し協会に加盟することを訴えた。この新教育の教育信条の主たる理念は、

① 　子どもの本性を自由に発展させる
② 　学習動機のすべてを子ども自身の興味関心に置く
③ 　教師は案内者であって、決して監督者であってはならない

と宣言して、各学校に協会への加盟を訴えたのである。

　1920～30年代においては、アメリカの公立学校のほとんどすべてがこの理念に賛同して、この協会に加盟し、伝統主義的教育態勢から進歩主義教育態勢一辺倒にほぼ塗り替えられたのであった。

　教育制度も、古いヨーロッパの教育制度から変えて、進歩主義教育協会の推奨する小学校6年制、高校6年制（前期3年、後期3年）に移行したのである。この結果は、小学校から高校への進学に対して学力試験もなく、みんな一緒に進学できるという地域総合制学校制度が確立されたのである。いわゆる教育の民主化が図られ、誰でも学校に行けて、誰でも卒業ができるという教育の

大衆化が果たされたのである。

　ところが、1940〜50年代に至って、この進歩主義教育に対して、自然科学者や一般市民などから大きな批判がまき起こってきたのである。それは、学力低下特に科学技術教育の低下が問題となり、進歩主義教育協会から脱会する学校が相次ぎ、その結果、1955年には進歩主義教育協会は解散に追い込まれてしまったのである。

2　科学技術教育の台頭

スプートニクショック

　進歩主義教育が唱える、"学習の動機を子ども自身の興味関心に任す"という子ども中心主義教育に対しては、第一線の自然科学者たちからの大きな反対の声が挙がってきた。真の教育はどうあるべきか、科学技術教育の振興はどうするべきか、真に学力を向上させることができる学習形態はどうあるべきか、などが問われてきたのである。

　1957年にはソビエトによる人工衛星スプートニク1号が、世界で初めて打ち上げられた。このことよって、アメリカ朝野に大きな衝撃を与えた。それまでのアメリカは、"何でも世界一"であったのであるが、科学技術については、ソビエトに先を越されてしまったのである。いわゆるスプートニクショックが起こったである。

　翌1958年には早速「国家防衛教育法」が制定された。この法律の目的は「合衆国の国家防衛上の必要を満たすために、十分な質と量の人材を確保する」というものである。このためには官民一体となって、初等中等教育における科学・数学・外国語教育の進展を図り、科学技術教育の振興に本腰を入れ始めたのである。

PSSC 物理

　1950年代には、アメリカの第一線の自然科学者たちが、進歩主義教育を批判して、彼ら自身で高校の教科書作りを始めたのである。

　特に有名なのがマサチューセッツ工科大学（MIT）の物理学者であるザカライアス博士らが、PSSC（物理学習研究委員会）を結成して、PSSC 物理教科書（高校生対象）を作成した。その序文には物理学習の目的が次のように記

されている。

「…従来からは物理教科書が工業その他実用面で役立てるという観点から書かれたものが多いが、それは間違いである。…われわれの作った物理学的世界像は、実に人類の思考の勝利品である。そうしてこの世界像とこれを作る筋道こそは文化の最も本質的な部分に他ならない。…これこそ高等学校で物理を教える最大の目標で、実用面に役立たせようとすることは末節の問題である。」

と、このように明確に学習指導方針を示した。学校教育における学習の目的は、子どもたちにアカデミックな文化遺産を確実に理解させ継承させ、学問の筋道をしっかりと教え込むべきであることを主張したのである。まことに当たり前の教育指導法であって、伝統主義的教育が目指す学習目的の主張であったのである。

数学におけるSMSG数学、物理のPSSC物理、化学のCHEMS化学、CBA化学、生物のBSCS生物などの各研究委員会ができ、それぞれの教科書を創りあげたのである。

このような自然科学者たちを中心とする学習指導理念は、科学技術教育を推進するために、学問的な知識と系統性を重視して、先人の学問的基礎基本を文化遺産としてしっかりと教え込むという、学習指導法を重要視した。

教材の現代化・才能教育の進展

一方、J.ブルーナーら教育心理学者たちは、進歩主義教育が、教材の構造的学習に関して何らの理念も持たないことに反発した。1959年のウッズホール会議の議長を勤めたブルーナーは、1960年に「教育の過程」を著して、教材の現代化・構造化、基本的概念のスパイラルな系統付け、発見学習、内的動機づけなどの学問の系統性を重視する学習指導論を主張して、自然科学者たちの教育改革に声援を送ったのである。

また、ハーバード大学教授で同大学長をつとめ、アメリカ原子力総合助言委員会委員でもあったJ.コナントは、コナント報告Ⅰ、Ⅱ（1959、60）を発表した。この報告書の中で最も重要な1つは才能教育の推進であった。従来のアメリカ教育においては知的貧困であることが批判される中で、国家防衛教育法において求められたマンパワーの育成を図ることを重視したのである。このた

めの最も重要な改革の主眼点は、才能のある生徒の能力をじゅうぶんに伸ばすための英才教育の在り方に重点を置いた教育改革の推進であった。

1969年代は、スプートニクショックを契機として進歩主義教育に対する批判が、極度に高まってきた。才能教育や科学技術教育の推進を中心として、学力向上のための伝統主義的教育態勢への教育改革が進められて行ったのである。この結果は、1969年には、アポロ計画を成功させて、アメリカは初めて人類を月面に立たせることに成功し、アメリカ国家の面目を一応保ったのである。

教育が正常に発展すること、すなわち、学校規律が正され、学力が向上すること、特に科学技術教育が充実発展することが、国家が目指すべき教育志向であることを示している。ここにこそ、"強きアメリカの再生"につながるというアメリカ国民の教育に期待するところを示したものである。

1960年代のアメリカ社会の豊かさと変貌

第二次世界大戦の勝利国は、実質的にはアメリカ一国のみであった。ドイツや日本などの敗戦国はもとより、イギリス、フランス、ソビエトなどは戦勝国とは言っても、その戦争被害は大きく、経済的には疲弊し、国民生活の豊かさを失ってしまっていたのである。戦後の一時期においては、世界の金の70％以上をアメリカが独り占めにして保有している状況にあった。このためアメリカ国民は、その"豊かさ"に奢り、精神的な弛緩を生じ、スプートニクショックも忘れがちになってしまい、アメリカ朝野はリベラルな風潮に急速に流されて行った。

1960年代には、その豊かな生活からくる精神的な弛緩のもとに追及されたものは、個人が"より自由に、より人間的に"という、人間個人の尊厳と人間性尊重の精神の強い主張であった。このような潮流は、大学などの知識人や学生や一般の若者の心情をリベラルな方向へかきたてて、アメリカ社会に大きな変貌をもたらして行った。

このリベラルな社会的風潮は、"古き良き"アメリカ社会に大きな混乱を及ぼしてきた。暴力、麻薬、自由ライダー（自由発言）、フリーセックス、離婚の増加、家庭の崩壊、反体制、反伝統、などの社会的な負の現象が顕著になってきた。この影響は学校教育にも大きな影響を与え、学校内にも暴力や麻薬や

教師に反抗などの事象が顕著となり、学校規律が乱れ、アメリカの伝統的な"明るく、自由で、規律ある"アメリカの学校態勢が崩れてきたのである。

3　教育の人間化論
非管理教育論の台頭
　このような情況のもとに、進歩的な学者たちは、学校規律の乱れを建て直すためには、生徒たち個々の人間性をより重視する方向に教育を変えるべきであると主唱した。人間が生まれながらに持っている権利や自由などの人間性を一層尊重するという"教育の人間化"が必須であると主張した。従来からの伝統的な権威や規律を重視する教育は、個人が本来的に持っている人権を侵すものであるとして反発したのである。このような人間性を徹底的に尊重するという教育は、非管理・非指示的な方法が教育指導上必須であると主張したのである。

　60年代におけるこのような教育の人間化論によって、アメリカの教育は伝統主義的教育の価値を否定して、個人の人間性を徹底的に尊重するというリベラルな教育観に転換して行った。この教育の人間化論による新しい顕著な教育指導論は、主として次の3つの指導場面で脚光を浴びるようになってきた。

① 　一般的な教育指導（教育の人間化論）　教育指導上における一切の権威や管理を否定し非管理的な指導を重視し、生徒個人の人間性を自由に伸ばしていく。
② 　道徳教育指導　従来の宗教的な絶対的な善なる徳目を教え込むという教育を排し、生徒個人の行動経験から自ら価値判断をさせ、それぞれで個人が価値を明確化させて、道徳的価値観を自らが決定して、自主的に行動する。
③ 　生徒指導（カウンセリング志向）　生徒指導においては権威や規則に頼らず、ノンディレクティブ的なカウンセリング的指導を重視して、教師の指示や説得や強制をなくし、非指示的方法を重視して、生徒の自主性主体性を尊重して行動させる。

教育の人間化論
　このように教育の人間化の理念は、管理や規則を重視する伝統的な教育論を否定して、子どもの人格の尊厳をより重んじ、子どもの人間性をより尊重しよ

うとする理念である。学校規律が乱れて、暴力や麻薬や教師に反抗するなどの情況が起こるのは、子どもたちをより管理しようとするところから生じる現象である。子どもたちの人権を尊重して権威とか管理という伝統的な教育態勢を一切排除するという非管理教育態勢にしなければ、教育は真に良くならないとする考え方であった。その理念とは、
① 悪いのは生徒ではなく制度である
② 束縛から解放へ、無学年制へ、教室に閉じ込める授業ではなく自由に
③ 学校や教材に囚われることなく、個人個人のニーズに合わせる

と、従来の伝統的な教育制度や体制や権威などのすべてを否定して、子どもが本来的に持っている真に自由な人間性に任せるべきであると主張したのである。子どもを拘束することなく完全に自由にし、自由に思考させ行動させるという徹底した非管理・非指示的教育方法こそが、真に子どもたちを開放する、というのである。このような教育であるならば、子どもたちは"生き生きと甦り"真の人間性に目覚め、自らで学習する教材や問題を積極的に選び、自らで問題を解決することでき、これこそが子どもの人間性を高め、真の学力を身に付けさせることができるというのである。

このような伝統的な教育態勢のすべてを排除するという、リベラルな学者たちが主唱する過激な教育理念による非管理教育論が1970年代には浸透して行った。この結果は、その理念が目指す方向とは全く真逆の結果をもたらし、成果は全く上がらず、学校規律は一層乱れてしまったのである。1970～80年代のアメリカの学校は規律が乱れ、学校崩壊の様相さえ現れ、学力が低下し、アメリカ教育史上最も苦悩する時代を迎えてしまったのである。

4　初期のオルタナティブ教育論
初期のオルタナティブスクール
前掲のように1920年代には、デューイらによる進歩主義教育協会が発足してアメリカの公立学校に進歩主義教育が幅広く浸透して行った。この"新教育"の拡大によってアメリカの教育は、教育の大衆化と民主化が進んで行ったのである。まさに、アメリカの教育革新の一時代を創りあげた。

1960年代後半からは教育の人間化論による非管理教育論が高まり、これもア

メリカ教育革新のさらなる教育革新であった。この教育革新は、伝統的教育に代わって"オルタナティブ教育"と言われた。オルタナティブとは、「代替的な」と言う意味である。伝統主義教育に代わってこのような新しいオルタナティブ教育論が、急速に進展して行ったのである。

学校の教育指導の中から、子供を管理するという権威や規則などのすべてを排除するという教育革新運動が全米で巻き起こってきたのである。このためにアメリカの"旧き良き"伝統的な教育形態が大きくゆらいできたのである。

オルタナティブスクールの設立

1970年代には、このオルタナティブ教育理念のもとに、生徒を全く管理しないという教育を試行するオルタナティブスクールが全米各地に設立された。フィラデルフィアにおけるパークウエイ・プログラムやハワイにおけるコミュニティ・クエストなどがその代表例である。ここでは、学校や教師の権威をすべて否定し、一切の管理体制をなくして、すべて生徒の自主性のもとに学習プログラムを作り、それによって生徒の主体的行動を最優先させるという教育態勢をとったのである。伝統的な教育態勢である教科書、カリキュラム、時間割、教室、単位取得、テストなどの旧来の学校教育の形態や体制をなくして、生徒自身で自主的に学習形態を計画し、自主的に学習するという方法を採ったのである。

一般の公立学校（特に中学・高校）への影響

この非管理教育理念は、特別なオルタナティブスクールだけではなく、一般の公立学校教育にも大きな影響を与えた。学習指導面では、生徒自身による時間割の自主的可変的編成、教科科目・授業時間の縮小、必修単位の減少、自主学習や校外学習の増加、規則の緩和や廃止、生徒ハンドブック等規則作成に生徒代表の参加など、生徒の自主的行動や権利の拡大などが行われたのである。このようにして、一般の学校教育において、子供たちにゆとりを与えて、子どもの自主性尊重や非管理的教育が一層進展して行った。この結果は、学校規律は一層乱れ、学力も低下して行ったのである。

アメリカの学校は1970～80年代において、学校荒廃や学級崩壊の様相さえも現れてきたのである。このことを見るにつけて、当時のアメリカの急進的な進

歩的教育学者たちによる教育の人間化論の推進とその失敗の責任は、当然のことながら追及されて行ったのである。

このようなアメリカが大失敗を犯した非管理的な教育を日本の教育学者たちの多くは、"教育の人間化"論を教育革新の趨勢として、大賛同して受け入れたのである。さらには、このようなリベラルな教育理念に、日教組もマスコミも教育学者たちに同調し、さらには当時の文部省の高級官僚たちもこの教育の人間化論に賛同したのである。そして、1990年代に"ゆとりの教育"と称して、わが国の小・中・高校に、その理念を導入して画一的に実施したのである。まことに無責任な教育行政であったと言わざるを得ないのである。

第3節　アメリカ教育の建て直し

1　教育の人間化論への反発

このような過激な教育革新運動に対して、アメリカ社会の各層からは、大きな反対運動が起こってきた。

父母たちの反発

このような過激な学者たちの教育革新に反対したのは、まずは父母たちであった。父母たちは、学校規律の乱れや学力低下について、その責任を追及すべく学校や教育委員会に押しかけ抗議した。その結果教育界に"父母の教育要求"という新しい教育作用が生じ、それに応えなければならないという学校や教育行政の責任が問われるという新しい時代を迎えるようになったのである。

アカウンタビリティ（説明責任）

アメリカの教育委員会制度は地方自治の典型である。そのコミュニティの市民たちは、われわれ市民が納税し、それによって教育を行っているという自意識が強いのである。一般の父母たちは、学校や教育委員会が勝手に教育の人間化と称し、効果の上がらない悪い教育を行っていると、判断したのである。われわれが納めた税金に見合うだけの教育効果を上げていないと、父母たちは学校に抗議したのである。このように納めた税金に対してそれ相応の教育効果を上げたかどうかについての的確な説明をしなければならないという"アカウン

タビリティ（説明責任）"という概念が教育界に出てきたのである。このようにして、教育に対する結果責任が問われるようになったのである。

基本に返れ（back to basics）運動
また、父母たちの素朴で純粋な教育観が大きな世論となってきた。この市民の力が学者たちの観念的な教育の人間化論に異議を唱えたのである。父母たちが素朴に考える教育とは、"規律を正し学力を向上させる"のが教育の基本であるということである。学校では、3R's（読み・書き・数学）を重視し、規律正しい教育を行うべきである。すなわち、アメリカの伝統的な基礎基本を重視する教育に回帰すべきであるという運動が起こってきたのである。

ファンダメンタルスクールの設立
このような父母の素直な教育要求の高まりに対して、各教育委員会は、ファンダメンタル（基礎基本）を重視するという教育行政の方向に変えて行ったのである。

ファンダメンタルスクールは、「伝統的教育の砦である、ABCDによる評定、厳正な試験、厳しい服装規定、基本教科の充実、愛国的・教訓的教育、など」の伝統的な当たり前の教育を重視することである。このような学校が各地に設立され、基礎基本を重視する学校への希望者が殺到したのであった。

2 健全な学者たちの反論

このようなリベラルな教育の人間化論に対して、80年代になるとアメリカの健全な学者たちは、伝統主義的教育に回帰すべきである、という意見を次々と主張するようになってきた。

① イリノイ大学のE. ウエイン　彼の論文「伝統的価値の伝達：Transmitting Moral Values（1985）」の中で、伝統の価値は偉大なものであることを、次のように主張している。

　　偉大な伝統は決して死せるものではない。学校の管理職や教師は勇気をもって伝統的倫理観を教えるべきで、このことは幅広く支持されるであろう。

② ブラウン大学のS. サイザー　彼は、基礎基本を大切にするという「エッセンシャルスクール」構想を発表した。学校で学ぶエッセンシャル（必須

第2講　アメリカの教育変革の流れに学ぶ

な）な教科は、読み、書き、数学、科学の4教科を指定し、教師の指導性を高め学校規律の重要性を主張した。
③　ノースカロナイナ大学のM．アドラー　彼は、学校教育はアカデミックな教養主義を強く主張し、「パイデイア計画」を発表した。パイデイアとは、学習指導に当たっては知識・教養・道徳的訓練を重視するということである。このようなアカデミックな教養重視の科目をすべての生徒に一様に行うことを主張している。

このように学校教育とは"学力と規律"を重視すべきであるという伝統主義的志向に回帰すべきであるという健全な学者たちの意見が台頭してきたのである。

3　歴代大統領の教育改革

レーガン大統領

1983年には、「危機に立つ国家（Nation at Risk）」を発表し、教育を建て直し、"強きアメリカの再生"を全国民に訴えた。このときレーガン・中曽根会談が行われ、アメリカは当時の日本の堅実な教育を学び、日本はアメリカのリベラルな非管理教育を学ぶ、などの話し合いとなった。

この結果、1980年代にはアメリカの教育視察団が日本の学校や塾を訪れて、当時の日本の高い学力と規律正しい教育を視察し、アメリカの教育改革の指針とした。

一方日本においては、中曽根教育臨調のもとに、知識偏重の教育を止め、規則重視の規律指導を緩和してアメリカの非管理教育の方向を目指し、1990年代のゆとりの教育の方向に行ったのである。

G．ブッシュ大統領

レーガンの教育改革の後を継いで、1990年に「国家教育目標」6目標を定めた。翌91年には「アメリカ2000教育戦略」を発表し、ここには伝統的な教育に回帰することを宣言した。本文の冒頭には「疲れ果てたうんざりする（weary）時代遅れ（outmoded）の教育仮説からの脱却を図る」と明記し、従来からの進歩主義教育論や教育の人間化論からの脱却を図り、規律正しく学力の向上を目指す新しい教育戦略への変革の決意を示した。

クリントン大統領

1994年には「ゴールズ2000」を発表し、ブッシュ大統領の国家教育目標をさらに発展させた。2期目の1997年には、学校規律の一層の向上を訴えるための"クリントンの呼びかけ"を行い、規則を整備し厳格な生徒指導を行うべきであるというゼロトレランス方式の確立を行うように全国民に訴えた。このことによって、1970～80年代の学校規律の乱れは、90年代に至って立ち直り、規律正しい学校の教育態勢となったのである。

G.Wブッシュ大統領

2002年には、NCLB（落ちこぼれない）法を成立させ、地区教育委員会は学力向上のための指導力を強化し、州統一テストの得点の向上を図り、生徒全体の学力の向上を図った。さらには低所得者層を援助し落ちこぼれをなくし、下層の生徒の学力向上を図った。

オバマ大統領

ノーイクスキュース（弁解なし）の精神を基盤にして、人種や所得や環境などの言い訳をなくして、教育の自己責任主義を強調し、真に平等な教育の推進を図ろうとした。

第4節　ニューヨーク市の教育再生

この節の内容の記述に関しては、ニューヨーク市の教育再生に詳しい高見砂千氏の論文を全面的に参考にして、その概要を下記のように記した。特に、文科省科学教育奨励研究による平成20年度における高見氏の論文「学校教育環境を守る危機管理システムの開発—スクールローの有効性に焦点をあてて」、22年度における「ニューヨーク市教育改革におけるインパクトスクールの成功因の検討」、および「生徒指導基準の教育再生に果たす役割—ニューヨーク市の事例：全米で最も危険な街から『子どもにとって最も安全な街』へ—」（臨床生徒指導応用編、ナカニシヤ出版、2012年）を参考にした。

1　ブルームバーグ市長のリーダーシップ
教育委員会を諮問委員会とし教育行政を市長の責任とした

1980～90年代に入って、"基本に返れ、ゼロトレランス"などのアメリカ教育改革の世論を背景にして、歴代大統領の教育改革が着実に進んで行った。これらはいずれも歴代大統領による適切なリーダーシップによって、アメリカ教育は伝統主義的な教育に回帰して、学校規律を回復したのであった。

しかし、この教育改革の大勢を見るとき、比較的に後れを取ったのが、ボストン、シカゴ、フィラデルフィアやニューヨークなどの各大都市における地区教育委員会（ディストリクト）であった。これらのディストリクトにおいては、地区教育委員会の権限を廃止して、市長が教育行政を直接に預かって、教育の責任をすべて政治が取るという制度に変えたのであった。それが顕著に成功したのがニューヨーク市であった。

2001年にニューヨーク市長に就任したブルームバーグは、「教育権限の獲得」に関する法案を議会に提出して、承認させた。この結果、2002年より市内の32の地区教育委員会の権限を廃止し、公立学校の教育行政を市長が統括することとした。

子ども第一（Children First）主義

ブルームバーグは、教育改革目標を"子ども第一"と掲げ、「安全な教育環境の確保」を最終的な優先事項とした。何よりもまず、生徒と教員のために学校は安全で秩序ある環境にしなければならない、そして生徒も教員も暴力の脅威の中では学ぶことも教えることもできない、という強い認識のもとに、学校規律の改善を最優先としたのである。

この結果、1年半の間に、中学と高校の2/3の学校では、指導規律の問題がほとんどなくなり、15％の学校では事件発生が半減したのである。その功績が認められ、2007年には、ブルームバーグ市長は全米都市部の学校で最も規律が改善できたとして、表彰を受けたのである。このように学校の安全が確保された結果、これが地域の環境に極めて大きな良い影響を与えたのである。全米50都市で、過去最も危険な都市とされてきたニューヨーク市の安全と秩序の状況が、いまでは「子どもを持つ家庭にとって最も安全な街」として評価を受けるようになったのである。

安全確保のための機能的な体制構築

前任のジュリアーノ市長は、"割れ窓の理論"に基づいて、街の治安確保に取り組みニューヨークの街の秩序を取り戻した。また学校安全のために、スクールセーフティ（学校安全官）を教育局管轄からニューヨーク市警察へ管轄を移動させて、学校の安全を強化した。

　ブルームバーグ市長は、さらなる学校安全のための迅速な対応を目指し、市警察と学校管理職との間の情報収集と分析方法を開発した。各学校で発生する問題の件数、発生場所などを即日教育局に報告することを定めたのである。

　市長は「学校は暴力行為が許容される場であってはならない」とする固い決意のもとに、割れ窓の理論の実践経験から、学校における暴力や暴言等を決して放置しないという強い方策を採った。「3回の違反で放校（three-strikes-and-you're-out）」という制度である。一定期間に2回の停学措置を受けた場合、3回目の違反行為は比較的微弱なものであっても就学先を変更する、という定めである。

2　危機介入の手立て

インパクトスクール（介入重点校）

　問題行動の発生状況や停学率がある基準を超えるような、規律の乱れた学校は、インパクトスクールに指定される。この学校に対しては、5日以内に危機介入チームが投入される。インパクトスクールに派遣される危機介入チームの取組内容は、学校や教員、生徒の日々の過ごし方を変えること、すなわち学校文化を変えることである。一方的に学校を締め付けて評価することではなく、最も重要なのはメディエーション（対話と合意形成）、および生徒自身を学校運営に関わらせることとされている。2週間ごとに改善状況に照らし合わせ、改善が認められれば、指定は解除される。インパクトスクールは、2004年の指定から始められたが、この効果は極めて顕著に現れており、学校規律は改善され、2012年調査当時ではインパクトスクールはほとんど0となっている。

説明責任を果たす生徒指導基準

　ニューヨーク市においては、生徒、保護者、教員、教育行政関係者、市民、全員で共通理解するニューヨーク市全体の学校の市規準がある。市基準の内容は、主に「生徒の権利と責任についての宣言」と生徒規律についての「生徒行

動綱領」との内容から構成されている。「生徒行動綱領」においては、あらかじめ学校での発生が予測される問題行動についてきめ細かく一覧にした「教育支援介入と規律措置基準」を明らかにし、共通理解と説明責任、予防的な指導を徹底させている（第6講、第5節）。インパクトスクールの介入と同様、一般の学校においても、最も重要なのは、毅然とした基準と、メディエーション（対話と合意形成）による生徒の主体的な関わりである。それらを尊重する教育支援介入の方法を重視しており、良質な教育支援プログラムを用意している。

これらの一連の手立てによって、ニューヨーク市はかつてないほどの学力向上と高校卒業率の向上を果たした。ニューヨークの学習環境調査（2007年）によれば、保護者の90％が教員の資質に満足、84％が学校との連携体制に満足、生徒の88％が先生が自分の成功のためになってくれている、教員の84％が学校を安全と感じている、と回答している。

生徒の権利についての市基準には、「これらの権利が保障されるのは生徒が責任ある行動をとる場合のみである。」と、権利と責任が一体的であることを示し、生徒の自己規律（self-discipline）の責任性の向上を望んでいる。行為の責任をとる過程から学ばせる、という教育的な方針のもと、行為の結果としての措置と同時に、きめ細やかな教育介入プログラムによる支援を必ず一体的に行うことが特徴である。

3　違反行為と教育的指導措置

学校安全と学校規律の万全を図るために、規則違反に対しては、的確な教育指導とその指導措置が細かく決められている。6−12学年生（中学―高校）の規則については次のようである。

① 違反行為―怠学行為、乱暴な破壊行為、などについて

喫煙、賭け事、下品・卑猥な言動、授業離脱、無断欠席、麻薬、暴力、傷害、放火、反教師行為、銃器、などの規則違反行為、約100項目の違反行為が細かく記載され周知されていて、このような問題行動を厳に戒めている。

② 教育指導・支援的介入（Guidance Interventions）

生徒が規則違反や非行行為をした場合は、罰を与えることより先に、これら

の問題生徒に対する教育的指導に力点を置いて、それらの生徒の立ち直りを図るための支援的サービスを最大限行う。

例えば、・保護者への連絡　・カウンセリングスタッフによる介入　・ガイダンス会議　・修復的アプローチ（restorative approach）などの教育指導、などを行う。（第8講5節、参照）

③　科される規律措置（Disciplinary Response）

法治主義のもとに、違反したことの責任は必ず問われなければならない。問題行動の段階に応じて、種々の措置がとられる。教員による戒告、放課後居残り、教室からの退去、オルタナティブスクール送り、などである。

第5節　アメリカの学制と大学入試

1　アメリカの学校制度

地区教育委員会

アメリカにおいては、中央の連邦政府内にある教育省は、国家発展のため教育の方向を示すことを目的としている。現実の学制や教育方針やカリキュラム等の細かい具体的な教育行政は、州や地方の各教育委員会が責任を持つという教育の地方自治という制度が歴史的に定着している。

アメリカには、現在地区教育委員会（District）が全米で約14,000程度あって、各コミュニティが、それぞれ独立に教育行政を行っている。しかし、アメリカの教育態勢はほとんど全米で統一されているのが現実である。学校制度は、ごく一部を除いて、現在全米ほとんど同じように6・3・4制を採っている。

小学校（elementary school）6年（K（幼稚園；kindergarten）1年と小学校5年）、中学校（middle school）3年、高校（high school）4年の6・3・4制がふつうである。そして、就学前学校（pre-school）の制度を、ほとんどの各教育委員会が設置している。

小学校へは5歳の9月に入学し、すぐに幼稚園課程の教育を受ける。（日本は6歳の4月に小学校へ入学）さらには幼稚園段階からは、小学校教育の一部

としての学業が始まり、読み、書き、算数の基礎や規律指導などをしっかりと学習する。

教育の自治と学区制

アメリカにおいては、全米平均で私立の学校は約１割で、富裕層や宗教上の関係の生徒が主として私学に通学する。その他の90％の一般生徒は、公立学校に入学している。

教育は地方自治制になっており、地元で納められた税金で教育財政を賄っており、地域の市民たち自身が教育委員会を作り、父母の教育要求に応える教育行政を行っているのである。したがって、そのコミュニティが必然的に学区制を形成するのである。いわゆる"オラガ学校"という地元意識が強い学区制を形成するのである。

アメリカにおいては、ふつうそのコミュニティの地域が広いので、一般的には生徒は徒歩で通学することは困難である。しかも、一部の大都市を除いて公共交通機関の手段はほとんどない。したがって、大多数の生徒はスクールバスで通学し、一部の生徒は父母が直接送り迎えをしている。

小学区制と学力

アメリカの公立学校へ通学する生徒は、小、中、高校へと進学するが、入学試験がない。1983年には、レーガン大統領が"危機に立つ国家"を発表して、アメリカ教育の危機を訴えた。それは、当時のアメリカは日本に比べて、中学校、高校での学力が低く、それは入試がないことであると結論付けた。その義務教育における学力の低い結果が、アメリカ経済が日本の産業の後塵を拝するようになった１つの大きな原因であると考えたのである。レーガン大統領はこのことを念頭に置いて"危機に立つ国家"を発表し、教育改革の緊急性を訴えたのである。

このようなアメリカ教育の悪い情況の原因は、当時の学校規律の低下と、そのほかに学校制度上の問題も大きな問題であると捉えたのである。その一つが、地域総合制の小学区制にあると考えたのである。すなわち、高校に入学するまで入学試験のための勉強をしていないことが、学力低下を招いたことの原因であるとの認識に至ったのである。その後この小学区制の問題は、90年代に

なって学区を越えて"自由に"学校選択ができるように徐々に改革されてきたのである。

ここでわれわれが考えなければならないのは、わが国の教育学者のほとんどが、このアメリカが教育効果を上げていない地域総合制の小学区制が良い教育制度であると、当時一斉に主唱していたことである。

2 アメリカの大学入試

推薦制度

とにかく、入学試験制度はその国の子どもたちの学力に大きな影響を与えることは間違いのないことである。アメリカの学校制度は、9月の新学期に始まり、翌年の6月が学年の終業期であり卒業期である。アメリカでは高校4年生になると、卒業を迎える3月か4月になると、自分が9月から入学する大学がほとんど決まっている。それは、カウンセラーが適切な指導、すなわち本人の能力、適性、進路希望などを総合的に判断して、生徒と父母とよく相談して進学大学を決め、その大学に推薦をするからである。

カウンセラーは、進路指導の専門家である。生徒に入学願書の記述内容を細かく指導し、その内容を精査し、本人の能力に適した大学を選び、推薦するのである。相手大学はそのカウンセラーの推薦適正さの専門性とその学校の実績を信用して入学を許可するのである。もし、その生徒の能力や適性を正確に把握できなくて、また情実に流されたりして、その大学に不適格な生徒を推薦すれば、大学からクレームが来て、そのカウンセラーは進路担当の専門的能力が不適と見なされ、カウンセラーとしての専門職を解かれてしまうのである。

大学推薦の要件

大学推薦の主たる要件は、生徒の人物評価と学力によって決まる。生徒の学力は、学校における学業成績（GPA）と、州統一テストや全国規模の共通テストであるSAT及びACTなどの資料を総合して、判定される。

① GPA（Grade Point Average）；学業成績とは、各教科の成績を4、3、2、1の成績段階に分け、それを平均した値が、GPAポイントとなる。したがって、最高は4であるが、AP科目や英才クラスの教科の単位取得がある場合は、4を越えるGPA数値が出るのである。

② SAT（Scholastic Aptitude Test：学力才能テスト）；このテストは、言語と数理の分野のテストが行われ、合計で最高は2400点である。
③ ACT（American College Test；アメリカ大学テスト）；このテストは各教科分野が総合されており、最高は35点である。

このほか地元の州や大学などが実施するテストによる得点なども、学力判定の参考にされる。

人物評価は、各教科担当教員の推薦書、課外活動（生徒会、クラブ、ボランティアなど）の記録、家庭環境、などを総合して決められる。

3　大学推薦の実際

カウンセラーの職務

各生徒は、氏名のアルファベット順に約300人が、1人のカウンセラーに配当される。カウンセラーは、個々の生徒の能力、適性、進路希望などを把握して、それぞれに応じて学校生活や選択教科の選定などを指導・助言し、学校生活全般にわたって援助する。優秀生徒には、AP、IB科目を選択させ、能力の低い生徒に対しては、卒業に必要な単位が取得できるように適切に科目選択の指導をする。

大学入学願書の内容は、詳細（A4版20～40ページの大部）で広範な記述に渡っており、また正確に記載されなければならない。このため、カウンセラーの指導をたびたび受けて、推薦書類の完成に万全を期するのである。したがって優秀な生徒ほどカウンセラーの指導を懇切に受けるのである。

このような進路指導内容がカウンセラーの重要な職責で、このほかに、学校生活や家庭や友人の問題などの相談も受ける。生徒の精神的、社会的な問題に関しても相談を受けるが、難しい問題は、サイコロジスト（心理カウンセラー）やソーシャルワーカーが、別に担当する。

パトリック・ドーラン（Patrick Dolan）君の進学

彼は、カンザス州、ランシング高校を卒業して、カンザス州立大学へ進学した。この間の問題等について彼及び母親に、彼の大学進学についての経緯を聴いた。

彼は、ACT：29点、SAT：2100点、GPA：3.6の極めて優秀な成績を持って

いた。この成績であるならば、普通はスタンフォード大学（カリフォルニア州）に合格できそうである。

しかし、この学校は優秀な生徒を地元の大学に行くように薦める方針があるようで、カウンセラーから地元の大学進学を勧められた。また、課外活動やボランティア活動の不足、及び教科担任教師との折り合いの悪い面などもあって、総合的にカンザス州立大学に進んだという。

また、彼の母親は、次のように述べている。「パトリックは非常に優秀で、英才クラスに在籍していて、高校在学中にスタンフォード大学から夏季研修講習に誘われたが、それを断ってしまった経緯があり、このことは親としては反省している。しかし、現在は医学の道に進む道が開かれており、自分の希望が果たせそうな状況にあり、今では満足している。」

このようにアメリカの高校生は、学業成績を上げ、各種の統一テストの点数を上げ、生徒会やクラブ活動やボランティアなどの課外活動を積極的に行い、良い大学に推薦されるような"イイコ"になるように懸命に努力するのである。

4　東京都の教育改革はアメリカの改革を倣っている

わが国の教育学者や従来の文部省行政は、「高校の小学区制が良いとか、入学試験のための勉強は真の勉強ではない、…」などと、教育に対する"自由選択"や"競争主義"を否定してきた。このような"見せかけの"観念的な教育行政によって、底辺層の生徒たちのやる気を殺ぎ、教師の教育指導に対する士気を低下させていたのである。結果として、大局的見地から見るとき、わが国の過去の教育行政の在り方には問題があったと言わざるをえないのである。

わが国の一般の父母は、「学校は規律を正し、学力を向上させ、良い大学に入れて欲しい。」と、切実に願っているのである。このような父母の教育要求を公立の学校に素直に採り入れて、教育行政に反映させたのがかつての東京都の教育改革であった。一般的に見ると、教育学者たちの見せかけの高邁な教育観と父母たちの素朴な教育要求との間の乖離が、あまりにもかけ離れているのがわが国の情況である。父母たちは、教育学者たちの見せかけの教育論を見抜き、公立校不信に陥り、高額な教育費を負担して、わが子を競って私学や塾に

送り込もうとする状況となってきているのである。

　東京都が、このような教育行政の悪弊に抗して、学区制を廃止し、進学重点校や中高一貫校を設置したことなどは、公立校でも良い進学体制が確立できている学校に入学できるということである。このことは、素朴な父母たちの教育要求に応える制度である。ここに象徴される一連の教育改革は、低所得者層の子弟でも、大学進学のための良い教育が公立学校でも受けられるという、一般庶民のためになる教育行政であると言える。

　このような教育行政こそが、本当に子どものためになる"自由で、平等で、民主的な"教育が行われる施策であると言えよう。このことを考えるとき、正しい政治こそは、父母たちの素朴な教育要望に応えることができることを示す良い証左である。

教育再生への提言
1　アメリカが伝統的教育に回帰して成功したことを学ぶべきである
2　アメリカの合理的、競争主義的な教育を学ぶべきである

第3講

明治維新の精神から教育再生を考える

第1節　学制仰せ出され書の発布

1　明治維新による近代化

明治の教育革新

　明治維新は、封建制社会から近代社会への歴史的変換点になった。この時期のわが国では、国家観、社会思想、制度像などの多くの古いものを否定し、"惟（こ）れ新らたにする"という思想のもとに、新しいものを創造して行こうとする機運が巻き起こってきたのである。このような流れのもとにその実現を果たす原動力になったリーダーたちは、吉田松陰の"草莽崛起（そうもうくっき）"の思想を念頭に、国家維新の意気に燃えたのである。志を持った在野の人々が立ち上がり、自らを発火点となせば日本の変革を担う原動力になり得るという思想である。下級武士たちや一般平民が決起すれば維新が成功できるという精神であった。

　その一つの例を挙げれば、高杉晋作率いる"奇兵隊"の創生である。従来の封建社会においては、国家を守る責務と戦う力は武士階級に限られていた。しかし奇兵隊においては、足軽、農民、町民などが参加して、戦闘集団を組織したのである。まさに国防の大変革である。このように階級を超えて軍隊の近代化に関わるような大変革が行われたのである。その他、国家観、廃藩置県、身分解放令、徴兵令、産業振興、学制発布、などの多くの施策が、大胆かつ的確

に行われたのであった。このような維新改革の目標は、一に懸って"近代的統一国家"の建設であった。しかもこれらの革命的な諸改革のリーダーシップをとったのは、若き下級武士たちの集団であったのである。

学校制度の始まり

江戸時代における教育は、武士階級は藩校で、一般町民は寺子屋で行われ、一般町民の半数以上（江戸近辺においては80～90％）が寺子屋で学んでいたという。このように江戸時代におけるわが国の教育普及率は、当時の世界的視野で見ても最も傑出したものであった。これに加えて、明治維新のリーダーたちは、西欧諸国の近代的な教育制度や実情を数多く視察して見て回り、学び取ろうとしたのである。

福沢諭吉はじめ維新の改革者たちは、1860年以降約10年の間に4回以上にわたってアメリカやヨーロッパの国々を視察している。この間、西欧諸国の民主的社会理念や国家主義的国家観や実利的教育観などを的確に捉えて、それらをうまく受け容れようとしたのである。

このことは、福沢諭吉の"学問のすすめ"の中には「天は人の上に人を造らず人の下に人を造らず、…一身独立して一国独立する、…学問とは世情に実のなき文学を言うにあらず、勤むべきは人間普通日常に近き実学なり…」とある。この一文から見ても、明治維新における新しい教育が目指す方向とその息吹がよくよく窺われる。

2　教育再生の原点

学制仰せ出され書

このような明治維新の新しい時代変革の背景のもとに、明治5年（1872年）に「学事奨励ニ関スル被出書（学制序文）」（通称；学制仰せ出され書）が発布され、わが国の学校制度が正式に始まった。その仰せ出され書には、

「人々自らその身を立てその産を治めて業を昌にして以ってその生を遂げるゆえんのものは他なし身を修め智を開き才芸を長ずるによるなり而してその身を修め知を開き才芸を長ずるは学にあらざれば能わずこれ学校の設けあるゆえんにして…学問は身を立るの財本ともいうべきものにして人たるもの誰か学ばずしてべからんやその道路に迷い飢餓に陥り家を破り身を喪の徒との如き畢竟

不学よりしてかかる過ちを生ずるなり…人その方向を誤り学問は士人以上の事とし農工商及婦女子に至ってはこれを度外におき学問の何たるかを弁ぜず…才芸の長ぜずして貧乏破産喪家の徒多きゆえんなり是故に人たるものは学ばずんばあるべからず…自今以後一般の人民（華士族農工商及婦女子）必ず邑に不学の戸なく家に不学の人なからしめんことを期す人の父兄たるもの宜しくこの意を体認し其愛育の情其子弟をして必ず学に従事せしめざるべからざるものなり高上の学に至ってはその人の才能に任すといえども幼童の子弟は男女の別なく小学に従事せしめざるものはその父兄の越度たるべき事…学問は士人以上の事とし国家の為にすと唱ふるを以って学費その衣食の用に至る迄多く官に依頼しこれを支給するに非ざれば学ばざる事と思い一生を自棄するもの少なからず…一般の人民他事を擲ち自ら奮って必ず学に従事せしむべき様心得べき事…」。とある。

このように、この仰せ出され書は、わが国が学校制度を発祥するに当たりその教育目的が、素直に分かりやすく明らかにされている。

教育再生の元はここにある

ここに書かれてある教育観こそが、わが国の教育再生の原点となり得るものである。この仰せ出され書の精神をよく読み取って、比較してみるとき、現今の我が国の教育の在り方に多くの疑問が生じるのである。それは、当時の明治政府の教育方針のほうが素朴で分かりやすいのである。

学校に行くことは大変に良い利点があるから、みんな学校に行き、一生懸命によく勉強をしなければならないということを、一般国民に納得のいくように呼びかけているのである。その内容は、

① 立身出世主義・実利主義　学校とは勉学に勤しむところであり、よく努力し勉強すれば良い職が得られ身分が上がり財産を得ることができる。

② 勉学の目的・競争主義・自己責任主義　学校とは人格形成と学問的知識を磨くところである。勉学を怠る不学者は、飢餓に陥り路頭に迷い不幸な人生を歩む。また勉学に関しては学費衣食など官に頼らず自らで努力すべきである。

③ 教育の民主化・平等主義・能力主義　国民（士農工商及婦女子）すべて平

等で機会均等な教育を受けることができる。高度の教育に関してはその能力を自由に伸ばすことができる。
④ 国民階教育・父母の責任性 "邑に不学の戸なく家に不学の人なし"、と明示し、他の何事をも擲ってすべての国民は学校に行かなければならない、その責任は父兄が負う。

このような学制発布により、明治の国民が一致してみんな学校に行き、だれでもが勉強がよくできるように、全国津々浦々に至るまで学校が設置されたのである。この結果は国民の勉学に対する意欲を向上させ国民の識字率は世界一となり、まさしく教育立国の礎を築いたのであった。この教育の大衆性と公平性と平等性を重視した教育制度は、明治維新を達成させた下級武士たち及び一般庶民の素晴らしい見識によるものであった。彼らの教育に対する理念は、おおよそ次のようであった。

① 日本国家を一つにまとめ国家意識を高揚させようとする明治政府の教育の基本的宣言である。
② 従来の封建的身分制度からの脱却し、四民平等、公平な能力主義の活用を企図した。
③ 欧米の教育思想の導入 西欧的な実利主義、合理主義、個人主義、国家主義的思想の導入を図った。

以上のような学制仰せ出され書の教育観は、現今のわれわれが学ぶ教育学の教育観とは非常に違っていることがよく分かる。それは、明治の教育の方が、より合理的で、実利的であり、一般市民が学校で一生懸命に勉強をしようとする意欲を高められるような素直な教育観であったのである。少なくとも不登校とか中途退学が認められるような教育観などはなかったのである。

われわれ一般市民が当たり前に納得できる競争主義や能力主義を重視する"素直な教育目的"を重視していることがよく分かる。今日のわが国の教育学が言うように「無理して学校へ行くことなどはない…」などと、不登校児童を認めてしまうかのような教育論をまことしやかに展開するような教育観とは大きな違いである。

第2節　人格形成の重要性

1　儒教精神と教育

儒教主義と江戸時代の戦乱のない社会

　エマニエル・トッドは「江戸時代は250年もの間、戦争をせずに文化と経済が飛躍的に発展を遂げた、世界的にも稀なことだ」と言っている。彼は、わが国の江戸時代の平和な約250年間は、世界でも例を見なかったほどの天下泰平の時代を称賛しているのである。この間は健全な封建制の社会が確立されていて、その安定した社会のもとに、上下関係や身分制度がうまく確立されていて、人々はそれぞれの階層においての礼節を保っていた。秩序のある社会生活ができるような封建的な上下関係の制度をうまく造り上げていたのである。

　その大きな要因の一つは、儒教文化の普及にあったと考えられる。各藩の武士階級は藩校で、町民たちは寺子屋で、それぞれに忠孝の精神を中心とする孔孟の訓えに基づく儒教道徳を学んでいたことが、その最大の要因であると考えることができる。

　明治5年に学制仰せ出され書が発布され、四民平等、立身出世主義の精神が学校教育で強調されたのであるが、この教育観があまりにも西欧的な実利主義的な教育目的だけを強調するものであったことは否めない。江戸時代からの流れをくむ儒学者たちからは、このあまりにも実利主義的な教育観に傾いている学制仰せ出され書の理念に対して、大きな批判の声を挙げたのである。彼らは、儒教的精神をより多く学校教育に導入し、子どもたちの善き人格形成に教育が大きく寄与しなければならないという主張であった。

教学大旨

　このような世論を背景にして、明治12年（1879年）には、教学大旨が発布された。そこには「教学の要仁義忠孝を明かにして知識才芸を究め以て人道を尽くすは我祖国国典の大旨…文明開化の末に馳せ品行を破り風俗を傷う者少なからず…専ら仁義忠孝を明らかにして道徳の学は孔子を主として人々誠実品行を尚とひ…わが国独立の生死において宇内に恥ること無かる可し」と、人格形成

の必要性と風俗品行の乱れを批判し、国家観を高揚させ独立性を強調した。教育の目的を実利主義的教育一辺倒から、わが国古来の土着文化を重要視し、さらには儒教主義的精神に基づく人格形成の重要性を訴えたのである。

ここには、教育指導の重要な要素は、祖国国典の大旨、仁義忠孝、知識才芸、人道に尽くす、道徳の元は孔孟の精神におく、わが国の独立、など儒教的道徳と国家主義的精神を強調する教育を、より強く注入しなければならないとしたのである。

修身教育の発祥

明治5年の学制発布のときに、当時の文部省から「小学教則」が出され、その中に修身という教科名が登場した。このときの修身科の趣旨は欧米の道徳観による翻訳的人格形成論であった。明治13年（1880）には、教学大旨の趣旨を受けて、小学校に修身科が設置され最重要な首位教科とされた。このことは、教育が単なる実利主義的な目的ばかりではなく、日本人としてどのような品性を身に付けるべきかという、道徳的な人格形成の重要性を学校教育に求めているのである。

幼学綱要

明治15年には幼学綱要が示され、日本人としての人格形成のための重要な徳性が示された。幼童のときから身に付けるべき具体的な20の徳目が示された。それは、

孝行、忠節、和順、友愛、信義、勤学、立志、誠実、仁慈、礼譲、儉素、忍耐、貞操、廉潔、敏智、剛勇、公平、度量、識断、勉職の20の徳目である。

このような幼学綱要には、それぞれの徳目の内容を身につけるための学習内容が例示されている。それは、わが国をはじめ古今東西の歴史上の偉人伝、ことわざ、説話、詩歌、など具体的な事象例が例示されてある。善き人間性を身に付けるには、道徳的な原理をくどくどと説明するような原理主義的な道徳論ではなくて、先人の遺した美しい善行の事実を学び、それを手本にして自らの人間形成を図る、という方法である。

2　教育に関する勅語
教育の基本法
　明治23年（1890）に教育に関する勅語が発布され、これが戦前のわが国の教育の基本法となったのである。この教育勅語の背景は、わが国の醇風美俗の文化、明治維新以降の学制仰せ出され書の精神、欧米の国家主義思想や実利主義思想、儒教的徳治主義的思想、などを併せ融合させた理念であったのである。このような多様な文化を積極的に採り入れて、活気のある活き活きとした新興独立国建設のための気概が溢れた教育基本法となっているのである。このような教育の基本法を、天皇が発する教育勅語の形として国民に明示したのである。その内容の要旨は、

　「朕惟ふに我が皇祖皇宗国を肇むること宏遠に徳を樹つること深厚なり我が臣民克忠に克孝に億兆心を一にして…父母に孝に兄弟に友に夫婦相和し朋友相信じ恭儉己れを持し博愛衆に及ぼし学を修め業を習い以て知能を啓発し徳器を成就し進で公益を広め世務を開き常に国権を重んじ国法に従い一旦緩急あれば義勇公に奉じ…」である。この勅語の内容の特徴を以下に挙げると、

① 　前半の段階においては、わが国国家の成り立ち、国の姿、国体の精華、教育の淵源が明示されており、これが教育勅語の全体の額縁となっている。

② 　「父母に孝に…」以下は、国民が身に付けるべき、また果たすべき徳目の中身が書かれている。日本人として身に付けなければならない徳目と義務が明確にされている。

③ 　後段には、日本国民として国家に果たすべき責務が明示されている。

　この教育勅語の果たした成果は、高く評価されるべきである。それは、わが国が、20世紀初頭においてアジアにおいて実質的に唯一の独立国家の栄誉を保ち得たという事実が明らかにしている。欧米列強の植民地政策に抗して、明治以降の"富国強兵"の国家政策の精神が教育によってほぼ達成されてきたことである。このことによって、国家の独立を見事に保ち得たという事実を、われわれは誇りを持って見なければならいのである。

修身教育と日本人
　教育勅語発布の翌明治24年には、小学校教則大綱が出された。その中に「修

身は教育に関する勅語の旨趣に基づき児童の良心を啓発して其徳性を涵養し人道実践の方法を授くるを以って要旨とす」と、修身教育の目的とあり方が明確にされた。

　この修身教育によって明治以降の徳性の高い日本人が育成さたのである。礼儀正しい、正直な、思いやりの深い、勤勉な、国を愛する、などの善き徳目を備えた多くの日本人が育成されたのである。この結果は戦前においては、良き日本人として、世界の人々からの信頼と敬意を受けていたのである。

第3節　わが国の教育の本来あるべき姿を求めて

1　戦前の教育をどう見るか
戦前の教育は悪であるという決めつけから自由になろう

　明治5年の学制発布以来の明治からの戦前の教育のすべてについて、わが国の現在の教育学者や識者たちの多くは、それは"軍国主義的教育であった、国家主義的教育であった"と決めつけ、間違った教育であったと評価している。戦前の教育は"すべて悪であった"と断罪して、その功罪の検証などはタブー視されてきた。戦前に行われていたわが国の教育は、世界的視野で観るとき、実は西欧教育に倣った伝統的な当たり前のふつうの教育であったのである。その功罪は、当然のことではあるが評価の分かれるところであろう。しかし、戦後のわが国の教育界は、これらのすべてを否定してしまったところに問題がある。いまこそ、いわゆる戦前の教育も含めて"自由に"その価値を考えるときである。

タブーから自由になるために

　わが国の教育学には、思考の自由を失って奇妙な教育論が展開される場合が多くある。例えば、その中の3例について挙げるとすれば、

① 　ペーパーテストで測れる得点は真の学力ではないと言う

　学力に関する"学習指導とテストと評価"という学力測定法のような教育研究上極めて重要な分野の研究をしている学者は、わが国には寡聞にしてほとんど聞かれないのである。ペーパーテストに関わる問題作成法、問題の内容の良

否、成績評価、などを研究する学者先生はほとんどいないのである。そして、ほとんどの学者先生たちは、真の学力とは、それを点数化することは困難であるとして、それ以上の学力測定法の研究はされていないのである。

　世界の各国では、学力の国家的な公的認証をペーパーテストで行うのがごく普通である。高校卒業認定や、大学入試判定の大きな判断資料などとしては、すべてペーパーテストで行われている。したがって、ペーパーテストを行って、学力を点数化して、個人や集団の学力を正確に測定するという方法は極めて重要な研究課題である。諸外国においては、ペーパーテストの作成、その評価などの研究は教育学の重要な研究分野となっているのである。

② 　学校規律を正すための校則を整備することは良くないと言う

　わが国の教育学においては、教育とは信頼関係で成り立つと声高に主張する。校則などを整備して、権威を背景とするような法治的な管理体制を整備して、学校規律を正していくという方法は良くないと主張する。生徒理解を基にして、カウンセリングマインドで一人ひとりの生徒と接し、受容と共感のもとで生徒指導を行えと言う。

　アメリカをはじめ諸外国においては、"生徒行動綱領"を示して、生徒ハンドブックに生徒の責任、権利、規律（処罰）を明確にして規律を正していくのである。このように、法治主義のもとに、校則を順守して学校規律を正し、良い校風を樹立していこうとする、当たり前の生徒指導法が採られている。このことから比較して観るとき、わが国の教育学による規則を嫌う主張はとにかく奇妙である。

③ 　徳目を教え込むのは良くないと言う

　わが国の教育学者の先生方の多くは、道徳教育において、徳目を注入的に教え込む方法は良くないと言う。絶対的な善なる徳目を頭ごなしに教え込むのは、それは戦前の修身教育に繋がるというのである。そして、アメリカが1960年代に失敗した価値の相対性に基づくモラルジレンマ法が良い方法であると主張する。（第8講で詳述）

2 徳治主義教育理念への郷愁
徳治主義的教育観とは

　現代のわが国社会における思想的背景には、儒教文化による精神的構造が1つの大きな柱になっている。江戸時代に築かれ、それが士農工商の各四民の間にまで根付いてきた一種の文化となってきている。さらには明治においては、学校教育の中で、孔孟の精神を育成しようとする儒教主義精神は、教学大旨や幼学綱要や教育勅語などの教育の場において引き継がれてきて、今日に至るまで脈々と生き続けてきている。

　この儒教主義的精神文化を、1つの表現で表せば、"徳をもって治める"と言う徳治主義的精神と言うことができよう。この徳治主義的精神は、われわれ日本人の一種の文化形態にまで定着してきていて、現代の日本人の思考形態及び行動様式を大きく支配している。現代のわが国社会においてこの儒教文化は、善い道徳的側面を多く持っていて、われわれの生活の安定に大きく寄与しているのである。

　わが国の教育学においては、この徳治主義精神文化を潜在的には極めて重要視する。このゆえに、外面的な管理や規則を嫌い、人間同士の内面的な"信頼関係"を重視するという教育理念を強調するのである。このような江戸時代から明治以降の儒教文化の郷愁に思いを致して、"教育は信頼関係で成り立つ"と言うわが国特有の固い教育原理を成立させている。

　しかし、この信頼関係という観念的な形式美を重視する教育は、一方では非合理的な教育論を横行させてしまうのである。「教師が生徒を信頼すれば生徒は不正行為などはしない、教師が姿勢を正せば生徒は善くなる、権威や管理に頼ることなく規律や規則で縛ることなく、カウンセリングで生徒指導ができる、叱らない教育、心に響く教育、一隅を照らす、」などという非合理的な極端な教育指導論が堂々と展開されてくるのである。

　このような徳治主義を偏重するような教育論においては、"信頼主義"が極端に強調され、教育における権威や規律や規則などの価値を低く見て、生徒の自主性、主体性という言葉を絶対視する教育論の展開となってくるのである。

第3講　明治維新の精神から教育再生を考える

うわべだけの徳治主義教育論

　徳治主義教育論はなぜ出生したか。それは、明治5年の学制仰せ出され書が志向した、立身出世主義や競争主義や能力主義を重視する教育論が、あまりにも実利的であり過ぎた教育論であったからである。このような教育論を補正するために、徳性の涵養を重視しようとする徳治主義教育論の必要性が主張されたのである。

　明治以降の教育が成功したのは、学制仰せ出され書の精神である教育の実利性と、教育大旨にある教育の道徳的人格陶冶志向の両面がうまくかみ合ったからである。この明治以降の教育の成功の郷愁に浸っているのは、保守的な識者や一般国民だけではない。特に進歩的学者はじめリベラルな教育学者をも含むほとんどの教育学者が、この徳治主義教育論の郷愁に浸っているのである。明治以降の教育の実利主義や競争主義の価値を認めずに、ただ徳治主義教育論が強調する教育の信頼関係だけを重視しているところに、現在のわが国の教育学の奇妙さが醸し出されてくるのではないであろうか。

　このような信頼関係だけを強調するような教育論は、うわべだけの徳治主義教育論であると言わざるを得ないのである。そして、口をそろえて、この信頼主義教育論を絶対視するのは、まさに教育理念のオカルト化ができあがってしまって来て、どうしてもこの罪深い鋳型から逃れないでいるということを知らなければならない。

徳治主義と進歩主義とのなれあい

　この儒教的徳治主義教育論と、デューイらの主張する進歩主義教育論が、よく融合しているかのように見える。それは、儒教的性善説に根拠をおいての"教育は信頼関係で成り立つ"という徳治主義教育論と、子ども中心主義における"子どもの本性を自由に伸ばす、"などの子ども中心主義教育理念とは、この側面に限ってはよく融合し、なれ合うことができるのである。

　この故に、戦後のわが国の教育学においては"信頼関係"に絶対的な価値が置かれ、教育の権威性や実利性や合理性の重要さには目を向けないのである。このゆえに、非合理的・情緒的な奇妙な教育学が展開されてくるのである。ここにわが国独特の非合理的な"オカルト的教育学"といってもよいと思われる

奇妙な教育論が横行しているのである。

3　教育再生の方向はどうあるべきか

奇妙な教育論から当たり前の教育論へ

　一般的に良い教育論はいかにあるべきかを考えるとき、明治以降のわが国の学制や教育目的を、素直にそのまま学ぶことは非常に良いことであろう。学校へ行って、一生懸命勉強すれば、財産を得ることができ、立身出世ができ豊かな暮らしができる。勉学を疎かにすれば、貧乏になり路頭に迷うことになる。ここには競争主義、能力主義、自己責任主義などの教育の基本原理が素直に示されている。さらには、修身教育によって徳性ある人格形成にも力を注いで、知力と徳育をうまく融合させた教育行政であったのである。

　封建制社会から解放された一般平民は、教育の公平さ、平等さ、民主化を享受でき、日本人としての誇りと責務をも身につけることができたのである。一人ひとりが学校に行き、勉学に励む意欲を向上させ、個人的な一人ひとりの将来希望を高揚させ、また国家の発展にも寄与できたのである。まことに合理的な実利的実効的な教育行政であったのである。われわれが志向する教育再生の方向は、この明治の教育改革を改めて評価し直すことから、大きな展望が開けてくるのである。

教育再生への提言
1　明治の先人の実利的合理的な教育観を学ぶべきである
2　うわべだけの徳治主義教育観に陥ってはならない

第4講 高校卒業認定試験を行う

第1節　学力の向上を図る

1　学習指導法と学力

学力と高校卒業認定

　北海道のクラーク高校、三重県のウイッツ青山学園高校において、高校卒業資格などについての不正があったとして、文科省から厳重な注意があった。学校教育法上の認可のない学校から不正に編入学させたとか、就学支援金不正受給があったとかの制度上の問題で不正が摘発されたのである。

　この間、学力達成の問題に関しても当然に問題があったであろうことは予想できるが、これら卒業資格に関わる学力不足に関しては、一切ノーコメントである。アメリカや西ヨーロッパにおけるように公的な機関が学力を認定して、これに基づいて高校卒業を認定するというような公正で合理的な学力認定による疑義や判断については何も問題にされないのである。

わが国では学力観が定まっていない

　わが国の教育学においては、ペーパーテストによって測られる得点は、真の学力ではないと言う。真の学力とは、「生きて働く学力」などと言い、学力の概念を難しそうに表現している。わが国の教育学が考える学力とは、一般市民の考えるペーパーテストによる単純な学力とは違い、より次元の高い高度な理念による真の学力観であることを強調する。

学力とは何か。われわれ一般市民が素直に考えてみるとき、それは、学力テスト（ペーパーテスト）の点数が高ければ、学力が高いという認識でふつう一致する。
　わが国の大学入学試験を例にとって考えてみよう。わが国においての学力テストの最大の圧巻は、大学入試である。大学の優秀な学者先生方が鳩首協議して英知を結集して、慎重に大学入試問題を作成して入学試験を行う。その結果の得点によって、学力の序列をつけて大学入学の合否を決定するのである。権威のある信頼のおける立派な大学の先生が作成したペーパーテストの点数が高ければ、それは学力が高いと判断できることであって、このことは、現在のわが国民すべてが納得していることである。
　しかし、大学入試による学力測定は真の学力を測定してはいなというのである。わが国の教育学においては、真の学力とは「知識、関心、意欲、態度」などが総合されたもので、単なる知識だけでなく生きて働く学力が身に付いていなければならないと言う。真の学力とは"生きて働く学力"であり、"生きる力"であるという。
　総合的学習における学力観とは、数学とか理科とか社会とかの単独の教科を学習する方法では、この真の学力は身に付かないと言う。教科を超えて教科横断的に学習しなければならないという。それには、旧来の教科の内容を２〜３割削減した方がよいというのである。その代わり、例えば校外に出てスーパーマーケットを見たり、都市や山野や農園の生活を見たり、あるいはいろいろな労働や作業や実習をしたりして、ここから自らが学習し、そこでの問題解決ができる能力を高めることによって、真の学力が身に付くというのである。
　このことは、一般市民にとってはこんなややこしい学力観は奇異に感じられることである。一般市民は、学校や塾へ行って学問の筋道や多くの知識を吸収して、普通のテスト問題を解決できることによって、真の学力が身につくと考えるのである。しかし、この学力論が間違っているかどうかということに対する判断は、問題のあるところではあろうが、われわれ現場の教師や父母たちにも当然ながら自由に判断する権利があるのである。
　すなわち、学力の観かたであるが、権威ある識者たちがよく研究して練り上

げて作成された大学入試のようなペーパーテストによって測定される得点は、それはそれで、学力を最もよく測定していると、その価値を認めるべきである。

2 学力の向上を図るには
良い学習指導法とは

このような単純な学力観に基づいて、学習指導を考えるとき、どのような学習指導をしたらよいか。それには、学力がうまく判定できるための良い問題を作成し、それによってテストを行い、その得点が優れていれば、良い学習指導であったと判定するのである。

学力が測定できる良い問題とは、学問的基礎知識と学問の筋道を精確に捉えて、それを的確に測定できるような問題である。このようなテストによって、最も確からしい学力を測定することができるのである。この場合、学力として問題解決能力があるかどうかの問題であるが、このような高度な観念的な学力論に関しては、一部の英才児（第5講参照）を除いては、ふつう考慮されなくてよい問題であろう。

学習指導の良否をこのように考えるとき、このための問題作成や学習指導法を最も適切に打ち立てることができるのは、現場の真摯な教師たちの教育実践から、実学的に生まれてくるものに価値が認められるべきであろう。それは、ティーチャーファースト（現場教師第一）主義による考え方が最も有用であろう。この場合、真摯な教師たちが積み上げてきた伝統的な普通の当り前の学習指導の方法論が適切であろうと考えられるのである。

第1は、学校においては、各教師がそれぞれの授業時間において、きめ細かい学習指導案を作り、それにしたがって的確に指導することである。しかもその授業効果の判定を正確に行うための小テストなどを適切に行って、その評価を細かく精確に行い、累積的に学習指導法を決めるのである。

第2は、教育委員会や国家が適切な教育行政をして、学力向上策を図り、この結果についての学力評価が正当にできるための統一テストを行うことである。このことによって、個々人や各学校を正当に競争させ、その結果、個人の能力を最大限に伸ばすことができるようになるのである。

伝統的な学習法

　学力を向上させるための学習指導法は、各授業担当の教師の自由に任せられるべきであろう。どのような指導法が良いかは、各教師によっていろいろとその方策が考えられるところである。

　ふつう考えられる日常の授業における学習指導法は、伝統主義的な講義形式による授業形態による授業でしっかりと指導をしていくことが、最も効果の上がる良い方法であろう。いわゆる一斉授業と言われる学習指導法である。教師が教科書に従って講義をして、教師はインドクトリネーション（注入的）的に教え込み、必要に応じて補助教材を使用し、家庭学習のための宿題を課し、細かくテストを行って常時成績を評価する。このような学習指導法は、教師の指導法的労力的効果から見て最も効果の上がる指導法であろう。この方式はアメリカをはじめ世界的にみてもごく当たり前の普遍的な学習指導法である。

　しかし、このような指導法が唯一万全の学習指導法であるとは言えない、時によって、状況に応じて別途の学習指導法を有機的に利用し、組み合わせて融合させて行くことは、有用なことであろう。例えば、体験学習とか、学び合い学習とか、最近文科省が推奨しているアクティブラーニングなど、その他の学習法を適宜に融合させるという工夫は、有用であろう。ここにこそ個々の教師の学習指導法に対する努力と指導法の研究の進歩的価値が認められるべきであろう。この時、最も重要な視点は、その学習指導法が実際に効果が上がったかどうかということである。その指導法のエビデンスがしっかりと検証されなければならないのである。

第2節　アメリカの学力向上策を見る

1　アメリカの学校教育
アメリカの学習指導法の失敗

　アメリカの教育が、1970年代、80年代に失敗してしまったことについては、前に述べたとおりである。その原因は、主として教育の人間化論などによる教育理念の失敗と、もう1つはそれによる学校規律の乱れにあったことを述べて

第4講 高校卒業認定試験を行う

きた。しかし、学力低下の原因については、さらにはカリキュラム編成にも大きな問題があったのである。

アメリカにおいては、1920年代からの子ども中心主義による進歩主義教育理念に基づいてカリキュラムを編成してきた。その基本理念は、子どもの興味・関心に基づいて、子ども自身で学習教材を選び、子供自身で問題を解決するという原理である。この場合、教師自身が上から目線で指導するのではなく、子どもの学習活動に対して側面的に援助していくという考え方である。この進歩主義教育理念の根本である考え方は、アメリカの学習指導の根本としては20世紀前半まで長く存在してきていた。

1980年代までのアメリカの高校においては、卒業認定の必須単位数は州によって多少は違うが、4年間でおおよそ12〜15単位くらいであった。その他10単位程度の選択科目を履修すれば卒業できる制度になっていた。

一般にアメリカの高校における学校規模は大きく、高校においては生徒数2000〜4000人規模の学校が多く、その地域での総合制高校のシステムとなっている。このような学校においては、300〜500くらいの科目を設定して、生徒はその中から自由に科目を選択できるという制度であった。

このような場合、生徒はとかく難しい科目を避け安易な科目を選び卒業認定を得やすくする傾向が強まっていたのである。このため数学や科学を中心とするアカデミックな主要科目の学力が、全般的に低下していってしまったのである。このことが進歩主義教育の大きな欠陥であったのである。

アメリカの学者たちの日本教育観

コロンビア大学のダイアン・ラビッチ教授は、1986年に「日本人は、教育が個人と社会を発展させる根本であり、そのために学校では規律正しい環境のもとで、努力（effort）と猛勉強（hard work）をしていることが、良い結果をもたらすものと信じている。」と、日本人の教育観を観たのである。しかし一方では、この同じ論文の中で「日教組が教育の機会均等、平等性を政府に強く迫り、その結果日本の学校は驚くほど表面的には差別のないように統一化されている。」と、日本の教育の問題点をも鋭く突いていたのである。

また、ハーバード大学のウイリアム・カミングズ教授は、「日本の授業は、

起立、礼に始まり、授業中は静か、教師に敬意を払い、教師の指導に良く従い、…、日本の教師は、教室内での規律維持においてアメリカの教師の１／３の労力で済む。」と述べている。しかし一方で彼は、他の論文において、日本教育の画一化、平等化の悪弊、及び規律の乱れの兆候を指摘し、将来の日本の教育の衰退を指摘していたのである。

このようにアメリカの学者たちは、日本人の教育に対するストイックさ、日本教育の規律正しさと主要教科の学力の高さなどについては、高く評価していた。しかし一方では、日教組の存在、日本の教育の画一的、悪平等的な側面などを観察し鋭く批判しており、このことが将来の日本の教育の衰退に繋がることを指摘していたのである。いまから考えれば誠に当を得た慧眼であったのである。

2　アメリカの学力向上策
アメリカの国家教育目標

レーガンの教育改革の潮流のもとで、1990年にG.ブッシュ大統領は、国家教育目標6目標を発表した。この内容は、2000年までに、

① 子どもたちの就学前教育を充実し、学校教育に対し学習できる態勢にして就学させる
② 高校卒業率を90％以上にする
③ 生徒の学力達成と市民性の向上を図る
④ 科学と数学を世界一にする
⑤ 成人の識字教育と生涯学習を行う
⑥ 安全で、規律ある、麻薬のない学校にする

という6目標を、国家教育目標として宣言したのである。

後にクリントン大統領は（1994年）、⑦教員研修　⑧コミュニティとの連携の2目標を加えて、この国家教育目標8目標を「ゴールズ2000」として法律化したのである。

学力達成のための具体的教育戦略

具体的にどのようにして学力を向上させるかについては、翌91年に「アメリカ2000教育戦略」をブッシュ大統領は発表した。この戦略の副題には 'わが国

を本来あるべき姿に戻すために（making this land all that it should be）'と明記されてある。このことは、教育理念を伝統主義的な当たり前の理念に回帰すべきであることを明確に宣言し、1920年代の進歩主義教育論や1970年代の教育の人間化論との決別を宣言したのである。

その内容は、次のようである。
① 主要5教科における高度な基準　英語、数学、科学、歴史、地理の5教科を主要教科と定め、教科の内容基準と学力達成基準を設定する。
② 全国学力テストの実施　4年生（小学校）、8年生（中学3年）、12年生（高校4年）に実施し、この成績の結果は任意公開性にする。
③ 学力優秀校の設置　国家教育目標をよく達成した学校は、連邦政府から補助金が与えられる。いわゆるメリットスクールとし、数学と科学の才能教育を行う。
④ 科学技術教育の振興　'高校生科学優秀生制度'を作成し、各州の優秀生徒は夏休みなどを利用して1ヶ月以上にわたって、著名な科学技術研究所などに送り勉強させる。

学校制度の改革

学力達成を果たすためには、学校制度の改革も行う
① 教育の中央集権化を図る　小さい教育委員会を統合し、教育の同一化と高度化を図る。連邦政府も国家教育目標に基づき、教育方針や教育方法などについて指導助言をする。
② 学校選択の自由　学区制にしばられることなく、自由に学校を選択できる。
③ オルタナティブスクールの拡充　学習環境の向上を第一義にして、規則を整備し、規律指導を重視し、規律違反生徒は、オルタナティブスクールで別個に矯正的に指導し、立ち直らせる。
④ 新アメリカ学校の設立　下院議員選挙区（535）に少なくとも1校以上は設立する。この新学校は、国家教育目標に基づいた教育を行い、補助金を得て、次世代教育のための先導的学校となる。

教職員の士気高揚
学習効果を一層上げるために、教職員の士気の高揚を図る
① 教師及び校長のインセンティブ　主要5教科の指導に傑出した教員に対しては、州知事表彰、さらには大統領表彰をする。
② 管理職研修の強化　管理職研修プログラムを作成し実施し、その終了証を与える。職階制、能力別給与などの制度を導入し、教職員のインセンティブ（士気高揚）を図る。
③ コミュニティとの連携強化　PTA、宗教団体、市民組織、企業、などとの連携強化を図り学校や教師を支援する。このことによって教師のインセンティブの強化を図る。

　クリントン大統領は、ブッシュ前大統領の施策を引き継ぎ、学習環境の向上を図るための学校規律の向上に力を注ぎ、その結果アメリカの学校は、90年代にはほぼ規律正しく建て直され、学習指導に一層の努力が図られたのである。

NCLB（No Child Left Behind；落ちこぼれのない）法の制定
　90年代に学校規律の回復に成功したアメリカは、2002年には、G.W.ブッシュ大統領はNCLB法を制定して、学力向上に力を注いだのである。

　この法律に基づいて、各教育委員会・各学校においては"AYP（年間到達目標：Adequate Yearly Program）"を設定することになった。このAYPの結果についての評価は、州統一テストの結果や、NAEP（全米教育評価プログラム）によって、結果が測定される。AYPの目標に到達していないときには、その教育委員会は教育行政の責任を問われる。さらに、学校現場に対しては成績の悪い学校の校長は降格に追い込まれるという制度である。このような状況のもとに、アメリカの公立学校においては、校長以下全教職員は、学力向上のために、そして統一テストの得点向上のために一生懸命に学習指導の向上を図るようになったのである。

　特に底辺層の子どもたちの学力向上に意を注ぎ、全体の学力向上にも努力がはらわれるようになったのである。大都市などのダウンタウンに多い低所得者層の子どもたちにたいして、オルタナティブスクールやチャータースクールの拡充強化を図り、そこでは正規の学校とは別の指導法によって、学力と規律の

向上を図り成果を上げるようにAYPなどを工夫したのである。

このように、アメリカの学習指導は、全体の生徒の学力平均点を向上させることはもちろんではあるが、上位や下位の多様な生徒一人ひとりの能力、適性、進路希望などに合致させるような細かい教育指導が行われるようにしているのである。

日本におけるように、すべての生徒に画一的に「ゆとりの教育」を強制的に押し付けるような学習指導法は、まったく奇妙であると言わざるを得ないのである。

STEM教育

オバマ大統領は、2013年の一般教書の中で、STEM教育振興のために30億ドルの支出を発表した。STEMとは、科学（science）、技術（technology）、工学（engineering）、数学（mathematics）教育のことである。すなわち、科学技術の振興を図るための教育施策である。その目的は、STEM教師10万人の養成、高校卒業までにSTEM分野の学習経験者を50％増加、才能教育の充実、大学生を10年間でSTEM履修者100万人増加させる、などである。

わが国の高校教育や大学教育における理数科離れが問題になっている。わが国の高校におけるカリキュラムは、国語、社会、数学、理科、英語の主要5教科と、体育、芸術、職業などのサブ教科の割合が、おおよそ5：3になっている。しかし時代の要請により、家庭科、総合教科、情報、道徳、などの教科科目を必修にするとき、主要5教科の科目の時間数を減らしてそれに当てていくのである。

理数科教育が大切であると主張するならば、数学や理科の時間数を増加して、サブ教科の時間数を減少させるなどの措置を通して、理数科教育が重要であることをカリキュラムの面からも改善して行かなければならないはずである。

3　各州の学力向上策

アメリカの州統一テスト

G. ブッシュ大統領は、1991年には「アメリカ2000教育戦略」を発表し、その中で「全米統一テスト」を施行し、教育に正当な競争原理を導入して、学力

の向上を図るべきであることを提言した。しかし、この全米統一テストに対しては、アメリカの伝統的な教育観である教育の地方自治の立場からの強い反対意見があって、実施には至らなかった。しかし、このブッシュ大統領による統一テスト実施の重要性が認識されて、1990年代前半において全米の各州に渡って、それぞれで州統一テストが施行されるようになった。

このような州統一テストの実施によって、その結果が公表されるようになって、各教育委員会、各学校は、統一テストの得点向上のための対策を立て、学力向上のための学習指導のための努力をしたのである。

ミシガン州の場合

ミシガン州においては、アメリカ2000教育戦略によって施行されていたMEAP（ミシガン州教育評価プログラム）テストを、NCLB法の対象テストとしてのミシガン州統一テストとした。このテストは、毎年10月に行われ、読み、書き、数学、社会、理科の科目について、3年～9年生（小学3年～高校1年）を対象に行っている。高校の10～12年生は3月に行う。

これらのテスト結果は、地元新聞によって、各ディストリクトの得点集計が発表される。その学区の教育委員会が、学校ごとの詳しい学力分析、各設問ごとの正答数、誤答数などを教育委員会のホームページに公表する。そして、父母はいつでも自分の子どもの学校における成績レベル、子どものつまずき、などを知ることができるようになっている。

また、ITBS（アイオワ基礎学力テスト）テストが、ミシガン州では一般的に行われている。このテストはアイオア大学で作成されるもので、中西部地方では標準学力達成テストとして広く採用されている。このテストの対象は、6学年生（中学1年）で、生徒個人の知識と学力を評価して、中学時代を通して学力の進歩を図るための情報資料を得るための基礎データを得ようとするものである。

アレキサンダー小学校の場合

この学校は、ミシガン州、エイドリアン市にある。ミシガン州は中西部に属し、全米でも伝統的に豊かで治安の良い地方とされてきたが、しかし、最近では自動車産業の停滞で、経済的にやや暗い面も現われてきている状況にある。

第4講　高校卒業認定試験を行う

　この学校の正面玄関の掲示板に「10月の行事」が張り出されており、その中に"8－26　MEAP"とある。10月8日－26日は、ミープテストの得点の向上を図るための勉強強化期間と指定され、教職員、生徒、父母ともに得点向上のために努力すべきであることを告げているのである。

校長先生に統一テストについて聴く
　このような統一テストに対して、「校長としてプレッシャーを感じますか。」との、質問に対して、
① つねに父母からのいろいろの批判があって、気にかけている。
② 教師は一生懸命に指導をしているが、かなりの負担に感じているようだ。
③ 本テストの2週間前に、模擬テストを行い、昨年の間違いなどを正すようにして、得点向上のために努力している。
④ この地区の得点状況が、新聞に報道される。このためにPTAには学校の実情についてよく説明して、学力向上のための協力を常に求めている。

教育委員会はどう考えているか
教育委員会を訪ねて意見を聴いた。
① 教育長は、「教育評価基準を上げて、学力向上を図りたいが非常に難しい。レレバント（適切な）な教材をどのように使用するかを考えている。」と述べた。
② 副教育長は、「教科時間数の増加、長期夏休みの見直し、特別授業をする、などの施策を強調し、さらに、新しくME（ミシガンメリット）テストを開発すること、校長や教頭がリーダーシップを一層発揮すること、校長がクラスに行って教師とともに学習指導を研修する、などを行う。」と述べた。

カンザス州における統一テスト
カンザス州のブルーバリー北高校の校長に州統一テストについて聴く。
① 父母の協力が大切、生徒は父母の期待に応えようとする。
② 高い基準を設定し、質の高い生徒に対して、質の高い教師が指導する。
③ この学校は、リーディング97％、数学76％の合格率（卒業認定率）である。ドロップアウト生徒には、特別プログラムを用意して指導する。

NCLB法は非常に有効である

ここの校長先生は、統一テストは有効であると力説する。

① 良い学校・悪い学校を見分けるのは統一テストの得点でわかる。9月に生徒が入学し、3月にテストを行うが、このときの成績が学校の成果となる。

② NCLB法による州統一テストに対して、教員組合自体は反対しない。一部には反対の教師はいるが、彼らはNCLB法によって、教師の勤務状況や能力などの調査対象になることを嫌うのである。

③ 成績優秀者（約10％）に対しては、英才教育を行い、知能的に遅れている成績下位者（6.5％）に対しては、'特別支援ティーム'を編成して、学力向上に当たる。さらに、下位1％の生徒に対しては、メンタリー的に配慮して矯正的に治療的に指導をする。

カンザス州における統一テストは、リーディングは、3、4、5年生、数学は、3、4年生、理科は4年生、対象で行う。さらに、「書き」は、K（幼稚園）からスペルテストを行い、K－3年生では、読み、リタリチャー（文学表現）、スペル、テストを行う。

クラス担任・教科担任は、それぞれが工夫する

統一テストの結果は一般に公開され、教師自身の身分・給与にも関わるから、各教師は、学習指導についてそれぞれに工夫をして効果の上がる指導に心がける。例えば、

① 新学期初めに、自らの指導方針やクラスルールを細かく決めて、教室内に張り出し、指導方針を生徒に周知徹底させて、指導の万全を期す。

② 成績目標達成、中庸、失敗、などの生徒個人別の成績ランク一覧表を張り出し、競争意識を高める。

③ 規律の厳正　服装や態度、宿題忘れ、怠けなどの規律については、細かく注意し、信賞必罰の姿勢をとる。

このように、各クラス担任教科担任は、それぞれの学習指導法を工夫し開拓して、その効果を上げようとする。

第3節　アメリカの教育は真面目である

1　アメリカの高校卒業率は低い
卒業認定

　アメリカの高等学校の卒業認定は、伝統的に厳格に行われてきた。20世紀初めの高校卒業率は、1／3程度、すなわち70％の生徒がドロップアウトしていたのである。このあまりにも厳しい教育態様の反動があって、1920年代以降は、進歩主義教育（子ども中心主義）理念の影響のもとに、"誰でも学校に行くことができ、誰でも卒業ができる"という教育の大衆化・民主化の理念の声が大きくなってきて、卒業認定が大きく緩和されたのである。

　さらに一方では1970年代に至って、教育の人間化論による非管理教育が行われて、学校規律が乱れ学力が一層低下してきた。この結果、逆に高校卒業認定の厳格さを求める世論が高まってきた。この学力低下に対処するため、ほとんどの州が1970年代後半になって、高校卒業認定のための「最低限学力テスト」を実施するようになってきた。この結果、卒業率が50〜70％にまで落ち込んでしまったのである。ニューヨーク市のブロンクスにある地区教育委員会においては3〜5％の卒業率になったところも現れたのであった。

　ブルームバーグニューヨーク市長は、学力が向上しないのは従来からのこの地区教育委員会による教育行政が良くないと判断して、地区教育委員会を廃止したのである。教育行政を改革して、市長のもとに教育局を設置し、教育行政を政治主導で行い、政治が教育の責任を負うという形にした。そして、AYP（後述）によって、成績を上げた校長には報奨金を与え、成績の悪い校長は降格にするなどの施策を行ったのである。

国家教育目標は達成されたか

　1990年にG.ブッシュ大統領は、2000年に向かっての教育改革のために「国家教育目標」6目標を宣言した。その第2目標が、「2000年までに高校卒業率を90％にする」という目標を設定したのであった。このように、アメリカでは高校卒業率が大きな国家的な教育上の問題となっていたのである。

シビック・レポート（2001年）は、全米の高校卒業率は、1998年において71％、その内訳は、白人78、黒人56、ラテン系54％であると報告している。ジョージア州が最も低く54％、次いでフロリダ、ワシントンDCが低く、アイオワ州が最高で93％、次いでノースダコダ、ウイスコンシン州が上位であることを報じている。中西部地域の高校卒業率が高く南部が低いのがよく分かる。また大都市内の地区教育委員会における卒業率が悪く、デトロイトの卒業率は21.1％となっている。

このように2000年までに、国家教育目標の高校卒業率90％達成にはほど遠い状況であったのである。アメリカ教育省はこのことに危機感を高め、2002年のNCLB（落ちこぼれのない）法の施行につながったのである。特に底辺層の学力の底上げをして卒業率の向上を図り、全体の学力向上を図ろうとしたのが2000年初頭のアメリカの教育改革の狙いであった。

卒業認定の例

テキサス州、フォートベンド教育委員会のB. ベートランド教育長に聴く。「テキサス州では、TAXS（テキサス知識能力評価）テストが行われ、これに合格できないと卒業認定はされない。本教育委員会では5～10％の生徒が不合格になり卒業証書が得られない。このため卒業後数年（中には10年）をかけ、卒業証書を取得する生徒がいる。不登校などの欠席生徒の親には、1日500ドルの罰金が科せられる。」

カンザス州、スワニー・ミッション東高校の教頭先生に聴く。「本校の卒業率は95～97％であり、カンザスシティの中では最高である。市のダウンタウン地域の卒業率は、約50％程度である。」と、地域差を強調していた。

2　オルタナティブスクール

アメリカの高校卒業認定

アメリカにおいては、18歳までの高校義務制の州が約半数であるが、16歳義務制の州においても実質18歳まで在籍するように厳しく指導している。それは、アメリカにおいては高校卒業資格認定がないと、大学進学はもちろん、就職したときの地位や給料に大きな差があるからである。

卒業資格の取れない生徒は、卒業した後も在籍校やコミュニティカレッジな

どでさらに勉強して、高校卒業証書を得ようと努力するのである。20歳を超えてもなお勉学に励んでいる生徒も多く、最終的には90％程度の生徒が卒業認定を得るというのが現状である。

　このことを日本の高校卒業認定と比べるとどのように考えるべきであるか。アメリカの教育は、日本に比べより真面目に"学力認定"を考えているということができよう。それに対して、日本の高校における卒業認定に関わる学力観はまことに不真面目であると言わざるを得ないのではないか。

　日本の現状を考えるとき、学力認定を重く見て卒業認定を厳正にする校長は非難され、卒業認定を甘くする校長は黙認される傾向がある。このような非合理的な教育的風土が厳然として存在する。とにかくこのような不真面目な教育行政をしていては、子どもたちのためになる真に良い教育を行うことはできないことを知らなければならない。

アメリカの学校は不登校生徒がいない

　アメリカにおいては、規律の乱れや学力低下の生徒たちが卒業認定されていないが、このような生徒はどのように指導されるのであろうか。このような生徒に対しては、不登校の状態に陥ることは許されないような仕組みになっている。

　問題生徒は、正規の学校を外れて、オルタナティブスクールやチャータースクールに行って（第7講参照）、別の形の矯正的な指導を受けて卒業資格を得るように指導されるのである。このような施策によって、アメリカにおいてはほぼ全員18歳までは高校に在籍させるよう努力しており、不登校というような生徒はいないのである。

　アメリカの教育は、怠学（tardy）生徒を不用意に不登校にさせたり、中途退学させたりさせることには、ことのほかきめ細かく対処するのである。また一方、学力不足のような生徒に対しては簡単に卒業もさせないのである。卒業証書（Diploma）は社会的に信用される資格となっており、この卒業証書取得のためには一生懸命努力させて、その成果が公的に認定されて（州統一テストに合格して）、はじめて卒業ができるようになっているのである。本当に生徒のためになる、落ちこぼれのない教育を目指しているのである。

日本における卒業認定

　学校教育の第1の目的は、教師がアカデミックな基礎学力を教え込み、それをしっかりと身につけさせることである。生徒は、先人の遺した学問的な知識を吸収し、学問の筋道を学び、その知識と技能を真剣に勉強することである。卒業証書となれば、その最低限の知識や学力獲得の証明となっているはずである。しかし、わが国の高校卒業者の中には、まともに字が書けなく、新聞が読めなく、算数の割り算や、分数が判らない生徒がいるという実態が、現実にあるのである。

　アメリカのような高校卒業認定テスト（州統一テスト）やイギリスのGCESテストを行って卒業認定をするならば、日本の高校においては、何％の生徒が合格できるであろうか。現状のわが国の教育態勢では、おそらく身震いのするような低い合格のパーセントを示すのではないか。

　このことを繰り返して言い換えれば、アメリカの教育は真面目であって、日本の教育は不真面目である、と言わざるを得ないのである。この真面目なアメリカの教育を素直に学ぶことこそわが国の教育再生に繋がることと信じる。日本の教育再生の元は、高校の卒業認定を真面目に行うところが、重要な第一歩であると考えるべきである。

教育再生への提言
1　公の学力認定を行う
2　高校卒業認定統一学力テストを行う

第5講

才能教育を進める

第1節　才能教育をどう観るか

1　わが国の教育学では才能教育の研究はタブー化されている
わが国の才能教育に関する現状

　わが国おいては、才能教育の研究を行うことは教育の差別化に通じると、考えているのではないかと思われる節がある。とにかく、積極的に才能教育を推進しようとする研究が行われているということは、寡聞にして聞かれない。

　このことは才能教育ばかりではなく、教育学として当然に研究されなければならない研究分野が、広範囲にわたってタブー化されているのである。教育学研究の枠を規制するある種の思考統制があって、この統制の掟によって、教育学研究の自由が奪われているのではないかと危惧するである。

　例えば「生徒規律指導関係の分野では；教師の権威、教師の職務と権限、生徒ハンドブック、生徒の行動綱領、生徒の責任・権利・規律（処罰）、オルタナティブスクール、など」、「学力関係では；学力とテストの関係、テストの成果・価値・効果、学力テスト問題作成法、学力測定法、成績評価法、統一テスト、知能テスト、卒業認定テスト、国家学力認定テスト、など」、「道徳教育関係では；品性教育、徳目教育、修身教育、愛国心教育、など」の研究は、わが国の権威ある教育学者の先生方の研究分野の枠の外におかれているのである。このためにわが国の教育学が、実際に役に立つ実学となっていなくて、現場の

教師や一般の父母たちからの厚い信用を受けることが少ないのである。
　現実にこのような分野における教育学的研究は、教育学者以外の専門的な学問研究者や実践的研究者によって、必要に迫られてその場しのぎ的に行われている研究が多いのである。才能教育イコール差別教育であるとして、簡単に決めつけてしまうのがわが国の風潮である。

人がやらない自由な研究

　ノーベル医学生理学賞を受賞された大隅良典先生は、研究に関わる考え方について、マスコミから何度も聴かれている。その時きまって"人がやらないことをやるのがサイエンスである"と回答されている。誰もやらないことをやる、ハヤリのことはやらない、と強調されるのである。
　研究に対する考え方がこのようであれば、いろいろな問題が自由に多様に研究されて然るべきである、その中か子どもたちのために最も効果の上がる結果が認められるとき、価値ある教育論として自然と承認されるであろう。このような研究から、学問が真に実学化されて行くことになるのである。
　戦前のわが国の教育においては、小学校や旧制中学校や、大学入学などにおいては優秀な英才生徒に対して"飛び級や奨学金"制度などがあった。英才教育に類する制度などは何らかの形で行われ、何のためらいもなくふつうに行われていたのでる。しかし、今日においては民主教育の名のもとに、"同じ数の飯を食った者は同じ学年"でなければ、平等な教育ではないという形式的な民主的平等主義が絶対視されてしまうのである。このような間違った平等意識の固い鋳型にはめ込まされて"研究の自由"が封殺されてしまっているのかと懸念される。
　わが国においても、若い教育学研究者たちが、誰も研究をしていない管理や規律や競争や英才教育などの重要な教育研究分野を、自由に開拓して行こという気概を高めることに期待するのである。

才能教育は絶対に必要である

　教育指導の最大の目的の一つは、一人ひとりの子どもが持っている「能力を最大限に伸ばすこと」である。人の個性や能力や適性などはそれぞれ違っている。その個人が持っている良い特性、優れている適性を最大限に効果的に引き

出していくのが教育の責務である。
　個人が持つアカデミックな学問的資質を効率よく伸ばしていくのが教育者の責務である。同様に、スポーツ、音楽、才芸、芸術、などの能力を発展させようとするには、幼少のころより、そのそれぞれの才能を持っている子どもたちを早期に発掘して、その能力を伸ばすべく適正な方策が講じられなければならないことは、自明の理である。
　ところが、わが国の教育学では、学問的なアカデミックな教科学習的な能力や学力を幼少のころから、伸ばしていくという方法に対しては、その価値を認めないのである。それは、教育の差別化に繋がり、あるいは民主化に逆行するというというような教育哲学が、教育学を支配しているのである。このような単純な思考統制によって才能教育の研究が阻まれてしまっているとすれば、わが国の才能を秘めた子どもたちの不幸はこの上のないことである。

物理五輪で金3
　2016年7月、スイスで行われた国際物理オリンピックで、日本の高校生5人が、金3、銀1、銅メダル1の賞を獲った。このことから見る限り、わが国の才能教育は進んでいるようには見える。しかしこのことについて、もう一つの別な視点で観るときわが国の才能教育がしっかり行われている、と見ることは必ずしもできないのである。
　この賞を獲得したメンバーたちは、東西の有名私立高校生ばかりであった（他のコンテストでは公立高校生もあったが）。彼らは、たぶん、小学生のころより、彼ら自身の才能と能力で、あるいは私学か塾で個人的に私費を多く投じて、自らの個人的な努力で科学的能力を自力で増進させ、その結果賞を獲得したのであろう。
　後述するように欧米におけるようなIBやAPのような、公の制度的な努力によって才能教育が行われたのではないのである。このような場合は、個人的な裕福な子弟たちに限られた才能教育に陥ってしまいかねないのである。裕福ではない一般市民の子どもたちにも、才能教育の恩恵がふつうに得られるような制度がどうしても必要である。

2　才能教育の在り方
才能教育の方法
　才能教育は、子どもが持っている個々の能力を最大限に伸ばすことを目的とする。子ども一人ひとりが持っている潜在的な個人の能力を発見して、その持っている学力などの能力を正確に測定し、公が認定し、子どもの能力、適性、進路希望などを併せ総合して、その才能を伸ばしていくのである。そして、この英才児をどのようにその能力を伸ばしていくかの才能教育の在り方をしっかりと確定することである。

　才能教育においてまず最初に行うことは、天賦の才を持っている子どもを発見し、それを公に認定することである。そして、この英才児をどのようにしてその能力を伸ばしていくかの適切な指導法の確立である。このための一般的に考えられている才能教育の重要な方法は次の2点である。才能のある子どもたちの学力に応じて、
① 　全科目を総合して優秀クラスを作って指導する
② 　教科、科目別に優秀クラスを作って指導する
　このようにして、その優秀生徒に対して、次の2つの点に特に留意して学習指導を行う。
① 　学習進度を加速させる
② 　学習教材の範囲を広げ教材を豊富にし、内容を高度化する
　このように優秀生徒に対して、"早期に、加速的に、豊富に、高度に"指導することが才能教育の最も重要な要件である。

優秀指導教員の認定
　さらに重要なことは、これらの優秀生徒を指導する優秀教師の育成である。優秀教師の資質とは、教師自身のアカデミックな能力と資格が備わっているかどうかが問われる。学校は、このような"優秀教師"を指導教師として、優秀クラスに配当しなくてはならない。

　世界各国においては、教師の能力に応じて各教師の持っている能力を、公が資格認定をするのがふつうである。小・中・高校においては、学歴に応じて、博士、修士、学士、などの資格や"年間最優秀教師"などを選ぶコンテストな

どによる優秀教師の認定などを行い、優秀教師の育成を図るのである。
　このことについては、いろいろな反対論もあってむつかしい問題もあろうが、これらの障害を乗り越えて、教育行政はぜひ優秀教師の選抜や育成などの施策の実現をしなければならない。このことの実現こそが、優秀な子どもたちの能力を伸ばすための重要な要件である。しかもこのことは、わが国教育における教員自身の意識改革にもなるのである。教員の資質向上は管理職に向く優秀性ばかりではなく、アカデミックな能力向上に資することなど多様な資質向上が期待されるのである。この観点は、教員の教職意欲の活性化にもつながる重要な教育行政となるのである。

第2節　アメリカの才能教育

1　才能教育はどのように行われているか

コナント報告

　1957年のソビエトの人工衛星スプートニク打ち上げによるアメリカ朝野の危機感は極めて大きかった。この対処のため、連邦政府は、翌1958年には早々に国家防衛教育法を成立させ、教育行政理念を根本的に変更させたのである。従来からの子ども中心主義による進歩主義教育理念から科学技術教育志向へと転換させ、強きアメリカの再生を志向したのであった。
　このときに当たって、ハーバート大学の学長であったJ. コナント（化学者）は、いわゆるコナント報告Ⅰ、Ⅱ（1959、1960）を発表した。彼は、アメリカ教育のそれまでの知的な貧困さを指摘し、それに対する国家防衛教育法の意義を強調し、それが求めるマンパワーの育成を図ることを主張したのである。その中で彼が最も重視したのは、才能のある子どもたちの能力をじゅうぶんに伸ばすための才能教育の必要性であったのである。
　1960年代には、PSSC物理教科書などが作られ、学問の基礎原理と学問の系統性を追求しようとする高校段階の教科書が開発された。才能のある生徒たちの数学や科学の能力を一層伸ばそうという才能教育の推進が図られたのである。さらに一般的な学校教育においてもこのような科学技術教育の振興が図ら

れ、この結果は、アメリカ国家の発展に大きく寄与できるようになったのである。その結果の典型的な例が、1969年に人類初の月面着陸を果たしたアポロ計画の成功であった。

英才教育とは

英才教育（special education for the gifted）とは、この英文が示すとおり"天賦の才のある生徒に対する特別な教育"をするということである。優れた才能を持ち、能力の優れている生徒に対して、教材を高度に内容を豊富に（enrichment）し、学習進度を早く加速（accelerate）させ、生徒の能力を最大限に伸ばそうとする教育である。1960年代になって、このような英才教育・才能教育は、全米の各教育委員会において一斉に行われるようになった。小学校低学年から始め、中学、高校において、いろいろな形で行われるようになったのである。

2　才能教育の実際を見る

小学校の場合

カンザス州、バリー・パーク小学校

校長先生に英才教育について尋ねた。ここの学校では、K（幼稚園）－5年で英才クラスをつくっている。NCLB法のテストが毎年行われ、その得点を資料として生徒の個々の能力を検討する。このとき才能が普通より特別高い生徒は、さらに別のテスト（KAMMテスト：カンザスオルタナティブテスト）を受ける。おおよそ1％の生徒がこのテストを受験する。これらの生徒は教育委員会のオルタナティブ標準（別個の高い基準）によって3ヶ月間指導して、この生徒が真に優れた英才生徒であるかどうかを判断し評価する。この学校では、現在1人の生徒が州の英才生徒と判定されているという。

オルタナティブ（alternative）とは、代替のとか、別個の、という意味で、アメリカの教育界ではよく使用される教育概念の多様化を進める重要な教育用語である。教育を多様化して優秀な生徒の一人ひとりの能力を最大限に伸ばそうとする指導概念である。わが国のように、平等化とか民主的と言う教育用語を絶対視して、教育を画一化させる教育政策とは、対照的である。真に一人ひとりのためになる教育の1つが才能教育であると考えるべきである。

第5講　才能教育を進める

　この学校では、州として英才生徒を選抜することとは別に、次のようにして、この学校独自の英才教育を行っている。
① どの生徒が英才（gifted and talent）としての才能を持っているかを探す。
② K（幼稚園）段階では、誰が英才かどうかはよく分からないから、小学校2、3年で英才生徒をしっかりと確定する。低学年では英才生徒を集めてグループで指導する。
③ 4、5年生では、担任の教師と相談して、個別化カリキュラムを開発して、別個に指導する。
④ カンザス州では英才判定の検査をして、英才と判定されれば、一般の生徒が普通の授業を受けているときに、英才生徒は、IP（Independent Program；個人プログラム）で、別個に独立に学習させる。

英才生徒はどのようにして決めるか
① カウンセラー、担任教師、英才担当教師が相談して決め、父母の了解をとる。
② 決め方は、生徒の性格、目標達成意欲、独立性、IQ、認識力、などを総合して決め、毎年個々の英才生徒のカリキュラムを定め、その結果については3年ごとに検査する。現在、本校においては、生徒数480人中18人（約4％）を英才生徒として認定している。5年生8人、4年生5人、3年生5人、である。

　父母の方から自分の子どもを英才に認定して欲しいとの強い要望のある場合もあるが、そのようなときに情に流されることなく、絶対に公正に判定している。

アラバマ州トレイスクロッシング小学校の場合
　この学校では小学校1年生から才能教育を始めている。数学を中心とする優秀生徒を、希望と推薦により、学年で10人程度を選抜してオナークラス（honor class；優秀クラス）を編成する。担当指導教師は、年間最優秀教師（Teacher of The Year）として州表彰などを獲得したような教師が選ばれて、担当する。

中学校の場合
カルフォルニア州、フォルサム中学校
　この中学校では、小学校の英才教育から高校への連携として、オナー（honor；優秀）クラスやアクセラレート（；早期進度加速）クラスを形成して、英才教育を行っている。
　この学校では、オナーやアクセラレートクラスの生徒を一般公募する。これらの生徒の中から、GATE（英才；gifted and talented）として認定するには、小学校からのGATEとしての推薦、統一テストの得点、教師の推薦などを総合して、決定する。決定された英才生徒は、オナークラスを形成して、一般生徒とは別に高度な内容、進度の加速などの指導を行って行く。
　この学校では、6、7、8年で数学と語学、7、8年生で科学と社会のオナークラスをつくる。さらに、音楽（バンド、ジャズ、オーケストラ）、リーダーシップ（生徒会、環境保護など）の科目をオナークラスとして設置している。

高等学校の場合
カンザス州、スワニー・ミッション東高校
　教頭及び数人の教師に英才教育について尋ねた。この学校の全生徒数は1900人で約100人（約5％）が英才生徒と認定されている。この学校は、カンザスシティ周辺では最優秀の高校であり、これらの英才生徒の大多数は、小学校、中学校から引き続いて英才生徒として認定されてきている。
　これらの生徒に対しては、2人の英才生徒指導専門教師がいて、指導をしている。英才生徒の特典は、個人の希望に合わせて、学習のための個人的行動が、それぞれに許されている。この学校での英才教育は、アメリカの高校において一般的にふつう行われているAP科目の設定と、IB取得という方法で行っている。

ワシントン州、フォス高校
　この学校は、シアトルの南のタコマ市にあり、ゼロトレランス発祥の高校として知られている。ゼロトレランスによって学校規律を正し、地元のビル・ゲイツ財団から"教育奨学金"を得て、IBプログラムを始めた。この間の事情

について、K．イケダ教頭は次のように説明をした。

 9学年生で90～100人がIBに登録し、最終学年の12学年では60人程度となり、最終的には15～20人の合格者を出している。IB教科として英語、数学、外国語、科学、歴史の各教科で実施し、これらの生徒を教える教師にはDr.（博士）の資格のある教師6人を揃えて実施している。この影響であると思われるが、最近では優秀な生徒が本校に入学してくるようになってきた。

3　高校における高度な学習

AP（アドバンスドプレイスメント）とは

　AP（Advanced Placement）科目とは、高校における数学や物理や言語などの科目を、大学程度の高度な内容のテキスト（教科書）で履修させる。そしてそのテストに合格すれば、大学入学後には大学における必要科目単位として認定されるという制度である。したがって、優秀生徒に対しては、高校時代に大学程度の学力が身に付き、学力の向上には極めて有効である。しかもこのAP科目の習得数によって、大学の推薦入学の資料としての有力な推薦資料となるのである。AP制の認定を受ける高校は、AP科目を指導できる資格のある教師を持つこと、およびその地域が良い教育環境であるなどの条件を満たしていることが必要で、このことが大学から認定されることが条件となるのである。

　高校におけるAP科目は、数学や科学などを始めとして英語、社会などの主要教科科目を主とし、大学程度の質の高い科目が設置されている。ふつうAP用テキストがあり、それを履修して、テストに合格することが単位取得の要件となっている。最近では、かなりの多くの高校がAP科目採用の認定を得ている。AP科目の評価は、GPA（教科評定平均値）を計算するときには高く換算され、大学入試のための推薦資料として有利に働く。

IB（国際バカロレア）とは

　IB（International Baccalaureate；国際バカロレア）という制度は、スイスに本部が置かれヨーロッパを中心にして、今日では世界中で広く施行されている。この科目のカリキュラム（教育課程）は本部で設定され、教科内容の認定のもとで履修が行われ、適切な問題が作成される。このテストに合格すれば、その科目のIB合格認定書が得られる。この成績証明書によって、ヨーロッパ

やアメリカをはじめ世界の有名大学への入学資格が認定されるのである。

このAPやIBの制度が、高等学校に認定されるためには、高等学校の質、及び高校教師の資格などによって決定される。今日においては、IB制度の認定を持つ高校が世界中に増加してきており、わが国でもIB制によって入学を許可している大学もある。

アメリカでは、最近このIBテストを英才教育の有力な方法として、急速に拡大させている。このIBテストに合格すれば、アメリカの大学をはじめ世界の有名大学に応募できるからである。IBテストはふつう5月にヨーロッパを中心とした世界各国で一斉に行われる。

APは、科目ごとに合格が認定されるが、IBは申請した一連の数科目をまとめてすべてに合格しないと、IB合格としては認定されない。アメリカの各教育委員会は、最近このIBに特に力を入れている傾向がある。州に必ず、2〜3校以上の高校に対して、IB認可校を設置してきている。

日本の生徒たちは不幸である

このアメリカやヨーロッパの諸国の英才教育の実情を見るとき、日本の子どもたちはつくづく不幸であると思わざるを得ない。天賦の才に恵まれながら、その能力を最大限に伸ばすことができない状況におかれているのが、日本の優秀な子どもたちである。わが国においては、教育において最も重要である、"合理的な意味のある競争主義的教育論"を完全に締め出してしまっている。このことによって、最も被害を受けるのは天賦の才を持っている子どもたちである。このことの責任は、だれが背負わなければならないか。わが国教育界は朝野に渡って、深く反省しなければならないところである。

日本の大多数の教師は、その素質も能力も優秀である。日本の教師に教育を自由に考えるための"自由"を与えることが必要である。学習効果を上げた教師たちにそれ相応のインセンティブを与えれば、彼らは一生懸命に努力して、優秀生徒の能力を最大限に伸ばすであろうことは、間違いのないことである。わが国の多くの教師たちは、諸外国の教師に比べ決してその能力において劣ることはないのである。現場の教師に才能教育についての自由を与えれば、彼らは、必ずその職責を果たすことであろう。

第3節　イギリスの才能教育

1　学力の公の認定
オフステッド（教育水準監査局）が監督する
　イギリスではオフステッドが、各学校の教育管理、学習指導、生徒指導等を監視し、監督するという制度になっている。そして、児童生徒の学力認定は、伝統的に国家か公の機関が認証するようになっている。この公的学力認定を基にして、子どもたちは、本人の希望、能力、適性、など総合して、中等教育以降の進路過程が決定される。以下に示すような公的なテストによって、個人の学力が認定され、それによって進路が決まっていくのである。

11歳テスト
　小学校卒業時の11歳において、11歳テスト（イレブンテスト）が行われ、この学力テストの得点を参考にして、中等教育以降の進路分けが行われる。
　将来社会的リーダーや学問的分野の専攻などを目指して身を立てていこうとする学力の高い生徒は、主としてグラマースクールへ進学する。その他、一般職業や技能職や芸術関係など、それぞれへ進む生徒は、モダンスクール、コンプリヘンシブスクール、などへ進学する。

GCSE（中等教育学力証明）テスト
　イギリスの中等学校は、7学年生から11学年生（16歳）までであり、この中等学校段階までが義務教育年限になっている。この義務教育を終える時点において、すべての生徒は、5教科以上の科目にわたって、GCSEテストを受けるのである。このテストによって自らの学力証明を公に獲得するのである。このテストの科目数と得点の高さの総合よって、大学への進学や職業コースへの進路が決定される。
　したがって、16才の時点で、良いGCSE得点が得られれば、直ちに自分の希望する大学（例えばオックスフォードやケンブリッジなど）に入学できるのである。しかし、普通は、18才かあるいはそれ以降も学校に残ってGCSEの高い得点を獲得できるように、勉学に努力をする。このように、イギリスのグ

ラマースクールにおいては、決まった学年（年齢）で、みんな一緒に卒業するという制度にはなっていない。自ら目指す学力を獲得した場合に、自らが卒業することを決定するのである。

わが国の教育学が固執するような同年齢で同学年を形成し、みんな一緒に同質の教科を学習するのが公平であるということは、イギリス（あるいは諸外国）ではそのような教育制度や教育観はないのである。諸外国では同学力者が同学年を形成するというのが公平であるという考えがふつうである。

このような教育観のもとに、才能のある優秀な生徒は、早期に大学に入学でき、その能力が早期に開花できるようになっている。このことは、才能のある個人のためになる制度であるばかりではなく、国家国民全体にとっても大きな利益となるとなるのである。

第4節　わが国の才能教育をどのように推進していくか

1　才能教育の障害を克服する

歪んだ文化に支配されている

わが国の教育学においては、能力別教育や才能教育を行うことにはとにかく反対する。同じ数の"飯"を食った者は、その学力がどのようであっても、みんな同じ学年で同じ教育を受けるべきであるということを主張する。同年齢のものは、みんな一緒に卒業することが、差別のない教育であると主張する。

すなわち、同じ場所で、同時期に学んだ、同年齢者は、同学力であると見做さなければならないという主張である。"みんな一緒に仲良く"、"和を以て貴しとなす"のようなわが国古来からの土着文化のうわべだけの形を強調する教育論を展開する。そして、その主張にそのまま支配されてしまって、合理的な自由な教育論の展開ができないようになってしまっているのである。

諸外国では学力を正当に評価する

イギリスやフランスをはじめ諸外国では、個々の生徒の学力や能力を公の機関が正当に認定する仕組みになっている。国家や公が、責任を持って、その個々生徒の学力や能力に応じて、その生徒たちの進路や職業などを社会的機構

に的確に適応させるのである。

　わが国においては、同年齢同学年制をことさら重視し、飛び級や落第などの制度を認めないのである。諸外国の教育学者は、同学年者は同学力であるのが学習指導上公平であると認めるのである。したがって、飛び級や留年制度は当たり前に主張する。一人ひとりの能力を適正に発達させるような教育を目指しているのである。

2　中・高一貫教育制度を拡充強化する
中高一貫教育の意義

　戦前の旧制中学校においては、主要科目を"英・数・国漢"と通称した。そこで11歳から、早期に、加速的に、高度に、豊富な学習教材を与えられて勉強を強いられた。数学の例を挙げるならば中学1～2年で三角関数や対数などを履修した。しかも、成績下位者のあるパーセントの生徒は落第の憂き目にあったのである。このことは今から考えれば、英才教育をまさに普通に当たり前に行っていたのである。

　この戦前の中学校の例に倣って思えば、現在の中高一貫校で、戦前のような学力強化の教育ができるのである。このことは、現在においても一部の私学においては行われている。公立校においては、東京都が中高一貫校を先行的に実施して成功を収めているが、全国的に見れば、いまだしの感である。

　我が国の才能教育が公式的には行われてはいないが、このような中高一貫教育を充実拡充することができれば、我が国の才能教育は、大きく前進することになるであろう。

優秀性のための才能教育

　とにかく、才能のある英才児たちに対して、現在のところわれわれはその能力を伸ばすという責務を果たしてはいないのである。今後は、過去の既成観念のあらゆるしがらみから抜け出して、勇気をもって、英才児たちのためになる才能教育を進めていくべきである。その方策は、次のことを念頭に置くべきである。

① 英才生徒を発掘してその能力を伸ばしていく
　まず第一に英才児を公的に認定することである。公的な統一テストおよびそ

の他の資料によって、英才児を認定し、彼らの才能を可能な限り早期に高度に伸ばしていく。

②　中高一貫教育をチャータースクール化（第7講第2節の3参照）する

この場合、チャーター（特別認可）は、才能教育を目的にするが、スポーツや芸術科目の育成にも該当させる。

このように才能教育を特に地方で奨励することは、地方の振興策、活性化につながるのである。現実に、九州や東北において、進学有名校やスポーツ振興で成功している事実がある。

教育再生への提言
1　小学校、中学校では英才生徒を認定して才能教育を行う
2　高校では、APやIB制度を実施する

第6講 学校規律を正さなければならない

第1節 自由と規律の概念を明らかにする

1 真の自由とリベラルな自由

真の自由とは

アメリカ南部テネシー州チャタヌーガ市にある伝統的な私立の進学校であるベイラー学校の生徒ハンドブックには、自由について次のように書かれてある。

「この学校は自由（フリーダム；freedom）を奨励するが、自由と放縦（ライセンス；license）は区別する。自由は、他人の権利や感情に配慮することなしに行動する個人のための完全な自由（リバティ：liberty、形容詞は liberal）を意味しない。これらを定める合理的な制限や規則は、すべての者に関わりのある自由を維持していくためには必要である。…」

このベイラー学校の自由の概念は、アメリカ国民が建国以来伝統的に培ってきた"真の自由（フリーダム）"の意味が、明確に示されている。すなわち、次のように読み取ることができる。

① 真の自由を意味する概念はフリーダムである。リバティ（リベラル）の意味する自由は、他人の自由にじゅうぶんに配慮しない自分本位の行き過ぎた自由になりやすい感がある。リベラルな自由とは、解放されたい、拘束されたくないなどの自分の意志だけを強く主張するような自由に陥ってしまうき

らいがある。このように、他人を慮るような配慮に欠け、少々身勝手な自由であるとの意味合いを持っている。またライセンス的な自由は放縦や気ままさを主張する身勝手な意味合いが強い。

　日本語においては、自由という１つの言葉で総合されてしまっているが、英語ではフリーダム、リベラル、ライセンスと言うような似通った自由を意味する言葉が、それぞれ違ったニュアンスで存在する。このうち、われわれが真の自由として価値を認めようとするのはフリーダムである。他の自由は枝葉の自由と言うべきである。わが国においては、この真の自由と枝葉の自由を混在させて"自由"という１つの言葉の概念で表現をするところに大きな間違いが生じているのである。特に教育においては、この概念の区別をしっかりと認識していることが必要である。

② すべての者が真の自由（フリーダム）を享受できるためには、個人の自由は必ず制限（規則によって縛られる）されなければならない。このためには、真の自由を維持発展させていくためには必ず"規則"が必要である。

自由とリベラル

　元ハーバード大学教授のN.マクギーン博士は、フリーダムとリベラルの違いを次のように述べている。「フリーダムという自由の概念は、ある限界（規則）内の中において、個人が何を"選択（choice）"できるか、という自由である。したがってフリーダムの概念には、規則を守る中で自らの行動にたいして、規律と責任を伴うということを意味している。一方、リベラルという概念の語感は、管理されない、拘束されないとの意味合いが強く、規則や規律を比較的軽く見て、より多くの自由を私的に享受したいとの語感がある。」と説明された。

　さらにマクギーン博士は、リベラルについて次のように批判している。「一般に地位の高い知識人たち、特に教育関係者などは、リベラル観を強調して教育論を展開する傾向が強い。それは個人の人間尊重とか自由性の拡大を強く価値づけるための教育論を展開しようとするからである。しかし、このような個人の尊厳や人間尊重を強調するリベラルな施策に対して、それを現実的に享受できる者は、お金のある、時間に余裕のある富裕層や地位の高い人に有利に働

いてしまう。金と暇のない低層の人たちにはリベラルな施策がいくら与えられていても、それらを自分自身のためにじゅうぶんに自由に行使できないのである。結果としてはそのリベラルな恩恵は、富裕層や地位の高い人に有利に働き、低所得層にはその恩恵は少ないのである。」と、指摘されている。

　このことは、わが国の教育の現状にもよくあてはまることである。素質の高い生徒を集める一部の公立や私学の学校は、リベラル的な教育指導を行っても、それはそれでうまく成果を上げていくであろう。しかし、一般に現実に見られるように規律が乱れている多くの学校においては、リベラルな指導法では一層規律が乱れてしまうのである。

2　自主性ということ
自主性・主体的という概念

　わが国の生徒指導においては、「生徒の自主性を重んじ主体的に行動させる」、このことは絶対的な生徒指導の原理であるかのようにと喧伝されてきた。

　アメリカにおいては、日本の教育界でもてはやされている自主的とか主体的とか言う、このような絶対的な教育指導用語はない。それよりも規則を遵守するというフリーダムの理念に基づく自己規律、自己規制（self discipline、self control）という概念を重視する。定められた規則の中で、自らの行動を選択し、自らの責任と、自らの選択的判断と、自らの責任ある行動をとることを、推奨するのである。このような理念を元にして生徒指導の原則とするのである。すなわち、自らを律して自己規制して自ら規律正しい行動がとれるように指導するのである。このようにして自由と健全な民主的社会を維持発展させていくための良き市民を育成していくのである。

　事実、アメリカの高校生に「君は何が一番重要であると考えるか？」という質問をすると「私は自己規律が一番大切である」との答えが返ってくるのが多いのである。このような自己規律を重視する生徒指導の結果は、学校規律が正され、現実に見られるように、アメリカの学校は"明るく、自由に、のびのびと"とした規律正しい校風を醸成しているのである。

　日本の生徒指導においては、生徒の自主性・主体性を重んじるという観念的な目標を高く掲げ、個人の自己規制を強く指導することをしないのである。こ

のような生徒指導の結果は、個人が管理されない、拘束されない、ということにどうしてもこだわってしまう。このようなリベラル的な教育観のもとでの生徒指導では、学校規律を乱しやすくしてしまうのである。

リーダーシップの重要性

　自由と民主主義を健全に発展させていくためには、必ず強い良きリーダーシップ（指導性）を発揮できる個人及び少数の指導者を必要とする。これらの指導者の下にその集団がまとまって、前向きに行動して行くところに、その集団の規律が正されまとまりと幸福感が達成されるのである。

　自由と民主主義社会を健全に維持発展させていくためには、良きリーダーが必要である。しかし、われわれが選んだリーダーが的確でなかったら、その結果を検証してあらためて新しい次のリーダーを決め直すのである。その方法は、選挙を主とした民主的な各種の適切な方法などで行われなければならない。

　強き良きリーダーが積極的に前向きにうまくリーダーシップを発揮していくところには、その集団は良き方向に発展できるのである。個人の自主性とか主体性を尊重するとか言って、適切なリーダーもなく、またリーダーにその指導性を委任できないような集団は、決して良い集団とはならないのである。的確な指導者のいないような集団は、必ず衰退していくことを知らなければならない。

現場の学校はどのようにすればよいか

　リベラルな教育指導の風潮の中に在っても、アメリカに劣らずしっかりと規律正しい生徒指導をしている学校は、わが国においても現実に数多くある。これらの学校は、校長のリーダーシップがしっかりしていて、正しい規律指導論を元にして、真摯な教師たちがその実践的努力の積み重ねによって、学校規律を正しているのである。このような学校は"伝統的な当たり前の教育"実践を行って成功しているのである。

　このような規律指導が成功している学校に対して、リベラル派の教育学者やマスコミなどが、それらを"管理教育"であるとのレッテルを貼って批判する現実があるが、このような間違った論評は、我が国の教育学の衰退につながる

ことになるであろう。

第2節　生徒指導の在り方

1　生徒ハンドブックを整備する
校則の意義
　真の自由（フリーダム）を全員が享受できるのは、合理的な必然性のある校則が整備できていて、初めてできるのである。この法治主義的機能がうまく働くところに、健全な民主主義社会が成り立つのである。学校教育においては、この健全な自由と民主主義社会をうまく維持発展させていくための人づくりという使命を持っているはずである。将来子どもたちが、社会に出てから法律を順守できる良き市民となりうるための経験を、学校教育の中でしっかりと経験させなければならないのである。
　この観点に基づいて"学校も社会と変わらない"という観点は重要である。全員が規則を遵守して"明るく、自由に、のびのびと"行動できるようにするには、適切な校則の存在がなければならない。
　校則を作るに当たっては、教育委員会の的確な指示方針のもとに、学校の管理職・教職員、生徒、父母、コミュニティ、などが相寄って、真に生徒のためになる合理的な意味のある規則が作られなければならない。その内容は、生徒の行動綱領、及び生徒の責任、権利、規律（処罰）が明記されているべきである。このようなきめ細かい校則は、大多数の善良な生徒たちに対しては、極めて快適な行動指針となるのである。彼らは規則に対して、何らの嫌悪感もなく、足かせや自由の拘束を伴うものにはならないのである。この校則に則って"信賞必罰"を旨とする生徒指導が行われて行けば、その学校は規律正しい良い校風が醸成される学校となるのである。

善行表彰に関して
　まず最も大切なことは、善き人間性を素直に発揮させ、発達させるための善行表彰制度をしっかりと整備することである。積極的な善行行動によって良き人間性を育成しなければならない。

このためには、毎日の朝礼や放送等による善行表彰、クラスや授業における善行表示や表彰、さらには特別の機会や特別の場所における特別表彰制度等を積極的に行うべきである。成績優秀者表彰、スポーツ・ボランティア活動表彰などは玄関ホールなどへ掲示して周知させるのである。さらには全校集会、学校行事、学期・学年末など集会や式典などにおいては、重要な表彰を行い、善行や努力に対してその名誉を讃えるのである。さらに父母や市民の協力を得て、コミュニティ表彰なども積極的に行うことが望まれる。

しつけ的指導（ディテンション；学校内留め置きなど）

　遅刻、欠席、授業中の不敬な態度、秩序違反、喧騒、宿題忘れ、など比較的軽微な行為に対する罰はディテンション（しつけ指導）的指導を行う。これらは、授業担当教員などの一般教師（teacher）が的確に行う。これらの指導措置は、教頭や指導関係者などの了解のもとに、一定の規則や慣例のもとにその都度担当教師（発見教師）が行う。教室の後ろに立たせる、廊下に出す、放課後学校留め置き、罰掃除、ディテンションルーム送り、父母召喚、などの適宜の指導措置を行う。その指導事項と内容は、管理職（教頭など）や生徒指導部に、"指導措置報告書（指導カード）"で必ず報告する。

正規の処罰（サスペンション）指導

　無断欠席、暴力、麻薬、いじめ、喫煙・飲酒、教師に反抗、その他の問題行動などがあった場合の指導のあり方については、わが国と諸外国の指導法との間には、教育学的指導理念に大きな差異がある。

　わが国においては、規則に従って機械的に指導措置（処罰）をすることは良い指導法ではないという。深刻な暴力行為等が行われても、それはその生徒の一時の過ちであって、直ちに処罰するという方法は良くないという。よく説得するとか、カウンセリング的手法によって心のケアをするとか、などの細かい指導措置をして立ち直らせることが、第一であると主張する。このことは、わが国の文科省の指導をはじめ、教育学の生徒指導論によって、観念的にはほぼ定着している。しかし、これが現実には現場の学校においては、厄介な問題を多く現出させている。

　アメリカをはじめ西欧諸国においては、規律違反や深刻な暴力行為等があっ

た場合は、その行為についての責任が必ず問われるのである。この場合、管理職教員や一般教職員のほかに、スクールポリス、校内安全監視係、カウンセラー、などがそれぞれの職責に応じて、その事実の実態を確かめ、教頭を中心とした管理職にその事実を必ず報告する。

処罰の最終責任は学校長にあって、教頭を中心とする生徒指導担当係は、その問題行為の事情を確認するために、問題行動の本人を呼び、改めて事実調査をして事実確認をして指導措置を明確に決定する。これを校長が承認し最終決定となる。本人に対しては、反省を求め、父母に連絡して処罰を言い渡す。その措置内容は、校内謹慎、自宅謹慎、オルタナティブスクール送り、外部矯正所送り、少年院、退学などの各段階の指導措置を規則に照らして確実に行う。

2　生徒指導に関する重要な4つの原理

① 　段階的な細かい規律指導（プログレッシブディシプリン）

子どもたちの日常の行動態度に関しては、細心の注意を払って、細かく指導することが大切である。服装違反、言葉遣いの乱れ、行動態度の悪さ、細かい規則違反などについてどのように指導するか。このような小さい違反の場合、その時点ですぐに注意をして直ちに過ちを直させる。

各教師は、自らのクラスの活動や授業中などにおける行動などにおいて、品性的、行動的な細かい規則を作って、これらをじゅうぶんに知らせておく。それに違反にしたらすぐに小さな罰（ディテンション；お仕置き）を与える。このようにして細かい問題行為からプログレッシブ（段階的）に細かく措置をして、小さい違反のうちにその場ですぐに立ち直らせてしまう。小さい違反に対しても決して見て見ぬふりをしない指導こそが、子どもたちにとっては真に親切な指導となるのである。大きな犯罪的行為に至らせないようにするためのきめ細かい指導法をプログレッシブディシプリンと言うのである。

② 　割れ窓の理論

1990年代においては、ニューヨーク市の下町は、治安が乱れていた。ビルのガラスが、ギャング（非行少年）らによって割られて、街は汚く、麻薬やケンカや殺人などが横行していた。当時のニューヨークのジュリアーノ市長は、この治安状況を回復するために適切な方策を採った。それは、1枚か数枚の窓ガ

ラスが割られたときに、警察官を動員して直ちに犯人を徹底的に捜査し逮捕した。この結果は街の秩序は急速に回復したのである。今日のニューヨーク市に見られるように極めて治安のよい状態となったのである。

　学校における規律維持を図る方法は、この方法と全く同じ概念で成果を上げることができるのである。一般に学校内において、少数ではあるが数人の深刻な暴力行為等をする生徒たち（ギャング）がいることがある。このような場合は学校全体に大きな悪影響を与えて、学校規律を正すための指導が極めて困難である。このようなごく少数ではあるが、深刻な暴力行為等者を教師が指導できないときには、その学校の規律は乱れてしまう。窓ガラスが割られるようなどんな些細な非行行為でも大きな悪徳行為に対しても、教師は、直ちに適切な指導措置をしてすぐにその生徒を立ち直らせていくことが重要である。1人〜数人の問題行動のある生徒の指導ができないときには、その学校の学校規律は乱れてしまうというのが、規律指導の原理である。このような数人の非行生徒をただちに的確に措置しなければならないのである。

　現実に学校内でそのような悪徳行為を指導できないような場合は、警察など外部機関とも連携して、指導措置を的確に行わなければならない。

③　ゼロトレランス（寛容さなしの厳格な規律指導）

　1970〜80年代におけるアメリカの学校においては、学校規律が乱れ、暴力、麻薬などが横行し、アメリカ教育史上最大の苦悩の時代があった。1990年代になって、それを見事に建て直したのが、ゼロトレランス方式の指導であったのである。

　暴力、麻薬、いじめ、教師に反抗などの深刻な暴力行為等があった場合は、その理由の如何を問わずに、直ちに退学やオルタナティブスクール送りなどを含む厳格な指導措置をするということである。このような悪徳非行者に対しては、トレランス（寛大さ、寛容さ）なしに厳罰に処するのである。教育者としては、寛大さ、寛容さ、忍耐強い指導法の重要さは、もちろんよく承知はしているが、しかもその教育的価値をじゅうぶんに認めながらも、あえて寛容さなしの厳しい措置を行うのである。

　このことは、本人の立ち直りを願うことはもちろんではあるが、さらに大き

な教育的な目的としては、学校全体の学校規律が正されることである。このことによって"大多数の善良な生徒"たちの良い学習環境を守ることができるために行うのである。この意味で、ゼロトレランス方式は、本当に生徒たちのためになる効果の上がる指導法である。

④　ノーイクスキューズ（弁解なし；No Excuse）
　自らの行動結果に対して、弁解なしに責任を持つということである。自ら行った行為や行動について、規則違反をしたり失敗をした場合は、それは"自己責任"であるということを認識させることが重要である。いろいろ理屈をつけて弁解して、自らの失敗の責任を自分以外の親や教師や社会の責任であると言って、責任逃れをすることは許されないということである。

　自主的行動を主張する場合は、必ずノーイクスキューズの背景がなければならないのである。わが国においては自主性、主体性を主張して、規則違反やふしだらな行動をしたときにも、その行動行為の結果を教師や社会の責任に転嫁するという風潮がある。このようなことが許されてはならないのである。現在のアメリカの学校においては、ノーイクスキューズを校訓に掲げて学校規律を正している学校が多くある。

　ノンディレクティブなカウンセリング論によって、子どもたちに妙な弁解の機会を与えるような指導であっては、それは子どもたちのためにもならないのである。ノーイクスキューズの精神が徹底されるとき、自らの行動にたいしては自らで責任を持つという真の自主的主体的という精神が、初めて生きてくるのである。

3　わが国には実践的な生徒指導法が確立されていない
教師はバーンアウトに陥ってしまう
　わが国の生徒指導法と言っても、最も重要であるべき学校全体の規律指導はどのような方法を採るべきであるか、というようなルーティンワーク的な指導法は確立できていない。生徒規律指導法の研究は、わが国の教育学ではほとんど行われていない。アメリカをはじめ諸外国のように、学校規律の向上に役立つような合理的で実践的な生徒指導法は、全く研究されていないのである。

　このことは教育学に対する根本的な教育観の違いがある。西欧諸国のように

学校規律（discipline）を正すと言うことと、良い教育（education）を行うということとは同義語というような観念がないのである。

　このために、暴力やいじめや体罰のような重大な学校規律問題が起こっても、各学校では具体的な指導方法がなく、すぐに何らかの措置を講ずる術（すべ）もないのである。ただ1つの術と言えば、教育委員会がその問題のあった学校にカウンセラーを派遣して、その場しのぎを一時的に行って、済ましてしまうという方法である。このような情況であっては、多くの教師たちはバーンアウトの状態に陥ってしまうのである。

生徒指導における神話
　生徒指導における厄介な問題が起こるとき、最も懸念されることは、現場の教師をバーンアウトに陥れてしまうことである。それは、非合理的な神話的な生徒指導法が、現場の教師たちに形式的に与えられていて、それにどうしても拘束されてしまうからである。

　例えば次のような神話である。
① 　規則に頼らない・叱らない指導法が良い　権威や規則に頼らないで、教師と生徒の信頼理関係を深めて行けば、学校規律は保てるという神話である。生徒理解をして生徒の自主性主体性を尊重して指導すれば、生徒は必ず立ち直るという。
② 　カウンセリング的手法で指導できる　一人の教師があるいは一人のカウンセラーが、それぞれの生徒に対して、受容と共感によるカウンセリング的指導で接すれば、すべてのどんな生徒でも指導できるという神話である。このようなカウンセリング的手法を絶対視する指導法は、学問的立場に立ってみるとき不遜な態度とは見られないであろうか。

第3節　日本の学校におけるカウンセリング的指導

1　学校におけるカウンセリングは間違ってはいないか
ノブオ・シマハラはアメリカの教育改革に貢献した
　1983年、レーガン大統領は就任直後、彼の生れ故郷であるイリノイ州タンピ

第6講　学校規律を正さなければならない

コで演説した。彼は、1960年以降のアメリカの教育の衰退を憂い、「強きアメリカの再生のためには教育改革が必須である。…日本の教育に学ばなければならない。」と、当時の国民に強く訴えた。

　1970～80年代の日本の教育は、いまと違って学校規律は正されており、この規律正しい学校の雰囲気を背景として、真摯な学習指導が行われて高い学力を保っていた。70～80年代は、この日本の学校の実態を調査研究するため、数多くのアメリカの教育視察団が日本の学校や塾の教育の実体を調査するために訪れた時代であった。アメリカの学者や教育行政者たちは、この日本の教育の伝統的な教育理念を重視する堅実な教育の実態を学んで、教育改革の糧にしようとしたのである。

　レーガン政権下のアメリカ連邦教育省は、有力な教育学者や識者をメンバーとして教育改革チームを発足させた。そのメンバーの中に、ラドガーズ大学教授であったノブオ・シマハラ博士を上級研究員として招き、アメリカの教育改革の重要な助っ人としたのであった。シマハラ先生は、その後1990年代になって東京大学客員教授、東京女学館大学学長として、日本の大学教育にも大きく貢献されたアメリカの教育学者である。

N．シマハラは日本の教育を懸念している

　私はかねがね、わが国の総合学習などによる"ゆとりの教育"やカウンセリング方式による生徒規律指導は間違っていることを主張し続けてきた。このことについて、シマハラ先生（現在カリフォルニア在住）のご意見を尋ねたところ、次のような回答を得た。

　「加藤先生が日本の学習指導における総合学習や生徒指導におけるカウンセリングなどを批判されているが、まことにごもっともである。ご指摘のように総合学習は文部省の一部の役人と少数の教育学者が考案したものである。それらに関わって、彼らが主張する"生きる力"とか"人間力"は機能的に定義できるコンセプト（概念）はなく、外国からみればミステリアスな一種の神がかり的な表現である。私は以前から生きる力の英訳に苦労したことを思い出す。こういう学者がいまだに日本の教育に影響力を持っていることについては、驚きである。

日本では、子どもの非行や犯罪などを"心の問題"として捉えるようであるが、それは間違いである。こういった問題は、子どもたちの社会の秩序、生きるための決まりや法の重要性を無視することを矯正するための、しつけや教育に問題があると考えなければならない。意味のない"標語"のようになっている"心のケア"ではなく、生活するために必要な規律や法を尊敬し遵守する志向性や習慣を身に付ける教育が必要である。心のケアは日本独特の概念であって、欧米ではこういった表現は通用しない。」とのご意見を得た。

　このようにシマハラ先生は、日本の現在の教育学が"奇妙な教育学"になりさがっていることをありのままに表現されており、われわれ日本人すべてが心に深く刻み込まなければならないことである。

ノンディレクティブな指導論

　アメリカの60年代は、教育の人間化論に象徴される非管理教育論が、リベラルな学者たちによって主唱された。このことに基づいて、生徒指導におけるカウンセリング論の中身は、一層ノンディレクティブ（非指示的）方式が強く主張されてきた。それはそれで1つのカウンセリング理論ではあったのではあろう。しかし、問題は、日本の教育心理学者や教育学者たちは、その新鮮な奇妙なリベラルな理屈に飛びついて、全面的に賛同してしまったところが問題ではなかったかどうか、ということである。そして、すべての学者先生や文部省の教育行政者たちもが、これを学校現場における生徒指導論の中心理念に採り入れてしまったところが、間違いの元であったのである。

　規則に頼らず、教師は目線を下げて信頼関係のもとに、生徒理解をして、受容と共感のもとにカウンセリングマインドで接し、心のケアをする、と言うお決まりの"お題目"を唱えるだけの生徒指導論では、何の役にも立たないのである。

カウンセリングマインドは生徒指導を困難にする

　一般に学校規律を正し規範意識を醸成させるためには、相当程度の規律指導と訓練が必要である。そのためには、明確な規則と懇切丁寧なきめ細かい生徒指導法が必要である。したがって、学校側は確固たる指導理念のもとに、一貫したブレのない細かい実効的な指導を積み重ねていかなければならないのであ

る。指導を受ける側の生徒は、このような学校の指導姿勢をよく理解して素直に応えて行動することが欠かせないのである。

このような教師と生徒の相互的に実のある指導関係が成り立つところに、教師と生徒との信頼と共感の関係が確立されるのである。このことこそが真の信頼関係の確立となって、学校規律を正す根本となるのである。生徒指導の目的は、学校規律を正し、規範意識を身につけさせることである。

2　わが国の学校カウンセリングについての反省
旧来の文部省の指導のもとで学校規律は乱れてしまった

昭和50年代後半（1980年代～）からの、学校規律の乱れに対して、旧文部省はその対策として、校則の見直しを学校現場に対して、くりかえし執拗に指導してきた。

例えば、1988年には「…信頼関係を確立し、規則にとらわれることなく、単なる制裁にとどまることなく、教育相談体制を確立して…」と、規則を廃止して、カウンセリング方式で対応せよと通知したのである。

また、1991年には「…規則の緩和は、生徒の非行や規律の乱れで授業が成り立たない危惧はあるが、…」と、授業の乱れを予測できるような学校規律の危惧を予測しながらも、教師は規則に頼ることなく、教師は目線を下げて、受容と共感によるカウンセリングマインドで生徒理解をして、指導せよと、学校現場を指導したのである。

このようにして、現場の教師は、教師としての権威や規則などの生徒指導の重要な武器を奪われ、"信頼関係"とか、心のケアなどという徒手空拳をもって悪徳非行を行う生徒に立ち向かわされたのである。当然のことながら、このような方法で学校規律が正されるはずはなかったのである。

生徒指導研修はカウンセリング研修であった

この結果、平成になってからも学校規律は一層乱れ、大多数の善良な生徒たちの学習環境を悪くさせてしまったのである。普通の生徒たちの大多数は、規則が合理的で意味のあるものであれば、彼らは何の痛痒も感じないのである。規則の範囲内で"自由に行動する"ことが真の自由であることは、普通の生徒の多くはよく理解しうることである。そして現実の学校においても、大多数の

生徒は、よく管理し、よく教え込み、よく訓練してくれる教師を"信頼"するのである。

　遅刻をしたり服装を乱したりしても、"君たちを信頼している、君たちの自主性に任す"などと言って何の指導もしないようなカウンセリングマインドを衒うような教師たちに対しては、むしろ不信の念を抱くのである。大多数の善良な生徒たちは、このような不条理な指導を指導する教師たちに対しては、信頼どころか"軽蔑"をしてしまうのが現場の学校の現実である。カウンセリングマインドと生徒規律指導との違いは、指導される生徒はよく理解できているのである。

3　生徒指導に明るい光

　このようにじゅうぶんに効果を上げてこられなかった学校カウンセリング方式に対しては、現場の教師や世論からの批判が高まってきた。平成18年（2006）には、文科省は「生徒指導体制のあり方—規範意識の醸成を目指して」の報告書を発表した。この中には、ゼロトレランス、プログレッシブディシプリン、出席停止は有効な手段、など現実に効果の上がる当たり前の生徒指導法をはっきりと推奨したのである。そして"してはならない事はしてはならない"と、伝統的な指導論で締めくくられている。

　最後に「すべての教職員は、校則の遵守、挨拶、服装、時間の厳守、規律ある集団活動、又は授業中の私語の禁止などの"当たり前のことを当たり前に実施"し、指導の"ぶれ"を生じさせないようにする。」とある。

　このように、ようやく疲れ果てた時代遅れのカウンセリング論から脱却して、"当たり前の"世界的に共通な伝統主義的な規律を正すための指導観に回帰できたのである。今後の生徒指導は、このような文科省の的確な指導方式をよく理解して、現場の教師がいかにうまく的確に実践していくかということになってきたのである。

第4節　真の生徒指導の実践

1　現場の教師たちの実践
ゼロトレランス研究会の活躍

　このような情況の中で、大阪市の小中学校の心ある教師たちは、生徒のためになる真の生徒指導のあり方について、きわめて大きな関心を持って憂慮してきた。このことについて、笠谷和弘氏（大阪市立中学校教諭）を中心として研究グループを立ち上げ、効果のある新しい生徒指導法の研究に取り組んだ。この新しい基本理念は、アメリカが成功したゼロトレランス方式に基づく考え方の導入を図って実践的な研究を行った。

　大阪市の中学校においても、昭和60年（1985）以降の文部省の「校則の見直し」通達により、"校則"は骨抜きにされてしまい、同時に"カウンセリングマインドによる説諭中心の指導"を主軸にした生徒指導法に変わって行った。現場の教師たちは、この文部省通達を真摯に受け止めその方法で生徒指導を行ってきた。この結果、残念ながら学校規律が乱れ、教師たちの苦悩は一層増大したのであった。俗に言う"しんどい学校"の増加につながり、中学校だけではなく小学校においても、集会で整列するのもままならない状態に陥り、対教師暴力が発生するといった情況を呈することになったのである。

　このようなときに、平成18年に文部科学省国立教育政策研究所の報告書「生徒指導体制の在り方についての調査研究―規範意識の醸成を目指して―」が出された。ここには"毅然とした、粘り強い指導"の実践などが提唱されており、これは現場の教師たちの指導観によくマッチする生徒指導法が示されていたのである。このような学校規律を正すための明るい光の見える指導法は、現場の教師たちの指導意欲をかきたて、実践指導力を向上させたのである。

　この研究会のかつて初期のメンバーであった前掲の高見砂千教諭が「ニューヨーク市の教育改革に見る"明確な生徒指導基準共有の必要性"―安全な学校環境を整備する・説明責任を果たす―」などを報告し、それらのアメリカの指導例を参考にして、大阪市の小・中学校において効果の上がる新しい生徒指導

の研究と実践を進めて行ったのである。

A 小学校の生徒指導改革の理念

俗にいう"しんどい学校"であったA小学校について新しい生徒指導法の理念を紹介する。'ゼロトレランス研究会（現・大阪実践生徒指導研究会）'のメンバーである池田真弘教諭は、平成23年度（2011）にこのA小学校に赴任した。学校長からの依頼もあり、この学校の生徒指導態勢の改革に取り組み、平成23年度～25年度の3年間に渡り「指導基準・指導形態」を作成して、平成26年4月よりその実践に当たった。この間、池田教諭は、生活指導部会、職員会議、PTA実行委員会などの承認を得ながら、その理念を周知徹底させた。

ゼロトレランス理念の徹底であるが、①指導基準の作成・段階的指導、②事前明示、③毅然とした粘り強い指導の3点を根幹とした。小さな問題行動から見逃すことなく早期発見と適切な初期対応に努め、"ダメなものはダメ"という信念で、問題行動を重篤化・習慣化させない指導を行ったのである。

2　現場教師の目覚め

A 小学校のきめ細かな指導

問題行動の態様をレベルによって①マナー、②学校生活、③学習（授業）、④人権を侵害すること、⑤法律に触れることの5種類の態様に分け、一次的指導と位置付けた。この一時的指導に対しての反発行為に対しては二次的指導で対処した。

レベル1・2では、日常的に起こる秩序や規律を乱す小さい問題行動（廊下を走る、言葉遣いの悪さ、無断遅刻、集会で騒ぐ、など）で、発見した教員が直ちに注意し、家庭連絡や放課後指導などで措置する。

レベル3～5は、周囲に対して危害を及ぼす行為（授業妨害、人権侵害、など）であり、担任や学年だけに任すのではなく、担任外等教員、関係諸機関などにも連絡し措置する。

レベル4は、"学校内でできる最大限の指導を実行する"態勢のもとに、サポートティーム、校長以下の管理職などで対処する。特に暴力態様に関しては慎重に対処する。

レベル5に関しては関係諸機関と連携して措置する。

現場教師主導による自由な発想による指導

このことについて、現場の教師である笠谷和弘氏は、次のような生徒指導論を述べる。学校教育活動では、本来第一に「児童生徒の生命・安全・財産の保障」つまり、学校秩序・授業規律の堅持が求められるはずである。しかし、現実として中学校での〔荒れ〕や小学校での〔学級崩壊〕は、多くの学校・学級で発生しており、暴力行為など重篤な問題行動は、増加・低年齢化の傾向にあると言える。

その原因には諸説あろうが次のことによって生じたと考える。

「校則」（小学校では「学校生活のきまり」）を軽んじ、教師と児童生徒との信頼関係と、児童生徒の自主性等を頼る生徒指導を推進してきたこと、そのツケを今支払わせられている、と言うことである。

昭和60年代以降、我々は、同じ校則違反や問題行動であっても、対象の児童生徒が変われば指導方法が変わり、教師が変われば指導方法が変わるといった大間違いを長年続けてきたのである。つまり、個人の教師の指導力を頼る指導が基準になっていたのである。したがって、学校組織としての生徒指導が機能しなくなったのは至極当然のことではないだろうか。学校全体として、毅然とした指導を粘り強く行い、その指導結果までを確認するといった指導を怠ってきたことによるのである。

大多数の善良な生徒のために

さて、他方、《課題解決的な生徒指導》というと、すぐに校則違反や問題行動を起こした児童生徒のことだけを考えがちである。しかし、覚えておかなければならないことが1つある。それは、学校秩序堅持の鍵は、〈物言わず・学校のルールを守っている・真面目な〉大多数の善良な児童生徒が握っているということである。そう、大多数の（あまり手のかからない）児童生徒達である。彼らが、教師の方を向いてくれているうちは、問題行動が多少あっても学級・学校は平穏な状態を維持することができる。

しかし、彼らが一旦〔教師の指導方法〕を信頼せず教師を見限った時、即ち「真面目にルールを守っていることがバカらしい。」「自分も羽目を外そう。」と思った瞬間に、学校秩序は音を立てて崩れ〔荒れ〕や〔学級崩壊〕状態に陥っ

てしまうのである。

　故に、学校は、彼らSilent Majority（黙している大多数の生徒）が十分に納得できる生徒指導態勢を構築する必要があるのだ。「ルールを守る者は、ルールによって守られる。」これが、問題行動に対応する生徒指導の基本であると確信する。

第5節　いじめにどう対処するか

1　いじめに対する実学的指導
カウンセリング的指導法だけでは効果は上がらない

　いじめが発生した場合、わが国においては、ある種のルーチンワーク的なうわべだけの筋道を通してその場しのぎをしている。教育行政としてはそのいじめ発生の問題校にカウンセラーを派遣する、学校は生徒にアンケート調査をする、教育学者やマスコミは、当該担任教師や教職員の指導力不足を言い、さらには教職員の全般に渡る教育的指導力の低下を批判する。このような状況においては、効果のあるいじめ対策はほとんど進展していない。

　いじめをなくすのは、いじめ行為を行う生徒を発見し、いじめをしないように指導することが第一に重要である。いじめ加害者がいなければ、いじめの発生はないのである。そして、いじめ加害者が発生するのは、その学校の学校規律の乱れからいじめが発生することが最大の要因であることを知らなければならない。このように素朴で単純な"いじめ論"に拠ることこそが効果の上がるいじめ対策となるのである。

　学校規律を正すのは、現場の教師しかその職責を果たす術はない。いじめ加害者に対する指導やその対処に対する的確な対策は、現場の教師の実践的な正しい筋道で行わなければならないのである。このようにいじめ指導を実効的にできるのは、現場の教師にしかできないという自負を教師は持たなければならない。現場の学校におけるいじめ問題は、それに直面する教師たちの臨床的な指導に委ねられなければならない。

　現場の教師たちは、いじめは教師自身で解決するという強い意志をもって、

責任ある指導を行われなければならい。しかし、このときにあたりさらに有効性を高めるためには、学校外の有識者（法務、警察、精神科医、心理カウンセラー）などの意見を聴き助力を得ることは極めて有用なことである。

2　アメリカにおけるいじめ対策

アメリカではいじめ問題を解明し克服している

アメリカでは、1960～80年代に学校規律が乱れて、暴力、麻薬、教師に反抗、いじめなどが多発していた。これを克服するために、政、官、学界、教育委員会、現場の学校、公共のカウンセラー機関、などが一体となって、その対策の実践的な研究が行われていた。

1987年にハーバード大学において、「学校におけるいじめに関する実践活動」についての研究大会が開かれ、5項目の実践活動が宣言された。この内容は、

① 　いじめは重大な教育問題であるとの認識
② 　いじめ加害者像・被害者像の特定及びいじめ被害者に対する援助
③ 　いじめ加害者は将来犯罪者になる可能性が大で、この早期指導は社会浄化に繋がる
④ 　子ども同士の一般的ケンカといじめとの違いの認識
⑤ 　諸外国（スカンジナビアや日本など）のいじめ対策に学ぶ

など、いじめの現象を正しく認識して、いじめ克服のための実践活動を上記のように採択したのである。

このようにアメリカの情況は、1980年代において、すでにいじめ対策の基本的方向を解明してその対策を実践に移してきていたのである。

いじめ加害者像と被害者像とその対処法

アメリカの大学の学者や教育行政者たちは、すでに1980年代に現場の学校と協力して、いじめ加害者像・被害者像をほぼ明らかにしたのである。当時の多くのこの種の論文を総合すると、おおよそ次のようである。

いじめ加害者像

① 　攻撃的な性格と未熟な思考形態を持ち、激情に走りやすく、身体頑強
② 　権力意識を楽しむ傾向が強く、自我が強い

③ 家庭環境が悪く、親の虐待を受けたり放任されたりした傾向が強い
④ 父母は子どもたちの行動に無知で、極端な規律（しつけ）に走りやすい
⑤ 家庭におけるあまりにも少ない愛情とあまりにも多い自由（放縦）を持つ
⑥ いじめを経験した者は、将来犯罪者になる傾向が非常に高い

いじめ被害者像
① いじめを受けたとき、自ら報復や反撃をしないというサインを出してしまう
② 真の勇気を持たない、真の勇気とは、いじめを受けたときには"他人に言う、その場を立ち去る"という勇気である
③ いじめられるという過度な思い込みをする

学校におけるいじめ対策指導法
　アメリカにおいては、これらのいじめの基本原理をよく把握して、いじめ対策を的確に行って来ている。
① いじめの予測　いじめは必ずあることを前提にして、いじめ加害者、被害者像について、教師は常に予測し監視していなければならない。
② いじめの指導は学校が責任を持つ　教育委員会やコミュニティなどは学校に協力し援助する、学者やカウンセラーの形式的な介入は効果がない
③ 学校規律を正す　学校規則を整備し、規範意識を高め、いじめが起こらないような良い校風を樹立する
④ いじめは犯罪であるとの認識　いじめは悪であり、卑劣であり犯罪であることの認識を高める、このことを授業過程や校内ポスターなどあらゆる場面で徹底する、いじめという行為がなければいじめは起こらないという強い認識を持つ
⑤ 逃げる勇気　いじめ被害者は"逃げる、その場を立ち去る"という勇気を持つ、いじめられなければいじめは起こらない
⑥ 品性教育の充実　学校規律を正し、期待される道徳的徳目を定めて品性教育を徹底し、生徒の道徳的倫理観を高め、いじめのような悪徳非行的な"悪"のはびこらない校風を醸成する

3 アメリカでは多様な指導で効果を上げている

いじめなどの問題生徒に対しての教育指導・支援的介入（Guidance Interventions）がしっかりと系統化、実践化されており、カウンセリング的指導を含めて指導効果がよく表れるようになっている。このことについては前掲の高見氏のニューヨーク市における指導法を紹介する。

ニューヨーク市においては、問題生徒の矯正指導に関してはカウンセリング的手法をはじめあらゆる方策を有機的に活用してその実績を上げている。教育局担当者は、カウンセリング一辺倒で指導を行うとか、"罰を与えて、事足りる"というような処罰だけで済ませてしまうというような形式主義は採らない。真に効果の上がる施策を行っている。

下記にあるようなあらゆる教育的指導法を駆使して、問題生徒の立ち直りのための支援的サービスを行うというのである。すなわち、

・保護者への連絡　・カウンセリングスタッフによる介入　・ガイダンス会議
・修復的アプローチ（restorative approach）
・善行行動への介入と支援（PBIS）
・個人／グループカウンセリング　　・ピア・メディエーション（仲間療法）
・メンタリング・プログラム　　・葛藤解決
・一人ひとりの行動の約束の作成
・短期の行動改善記録　　・PPT（生徒指導ティーム）の紹介
・コミュニティサービス
・地域基盤組織（CBO, Community Based Organization）の紹介
・麻薬乱用に関する適切な指導　　・若者の人間関係指導
・偏見、いじめ、いやがらせ、などのカウンセリング紹介

などの指導法を有機的、融合的に組み合わせて、一人ひとりの生徒の立ち直りを図るのである。わが国におけるように、問題が起こったらカウンセラーを派遣し、そのカウンセラーがひとりで、いじめが解決でき、問題行動に対する対処ができるとの期待をかける。しかしこのことを学問的に真摯に観るとき、カウンセリング指導法にあまりにも期待をかけすぎていて、逆に言えばあまりにも不遜な指導法と言えるのではないであろうか。

教育再生への提言
1 　生徒ハンドブックを細かく整備する
2 　学校規律を正すための合理的な生徒指導法の確立をする

第7講
オルタナティブ教育を進める

第1節　オルタナティブ教育とは

1　教育の多様性
アメリカの学校は規律正しい
　いま、アメリカの正規の普通の学校では規律が完全に正されている。この主な原因は、オルタナティブ教育がうまく機能しているからである。
　オルタナティブとは、"二者の内からどちらかを選ぶ、代わりに"と、いうような意味である。オルタナティブ教育とは、画一的でなく、正規の学校のほかにいろいろな教育態様が選択できるという制度で、正規の学校の代わりの学校を、オルタナティブスクールと言う。
　正規の学校は、規律を正し、学力向上のために、細かい規則のもとに、権威を尊重し、規律正しい教育がきちっと行われている。しかし生徒の中には、このような規律正しい教育に不適応を示し、正規の学校で問題を起こすような生徒が現実にはいるのである。オルタナティブ教育とは、このような問題生徒の態様に応じて、それぞれを矯正的に指導し、それぞれの個々の問題生徒に適した方法で教育指導を行って行こうとする、正規の教育方法に代わって行う教育法である。

オルタナティブスクールの発祥
　1960年代のアメリカ社会のリベラルな潮流のもとで、アメリカの進歩的な学

者たちによる教育革新運動が起こってきた。彼らは、個々の生徒に対してより"人間性尊重"を高める教育を行うべきであるという、"教育の人間化論"という教育革新運動を起こしたのである。これを達成するためには、伝統的な教育に代わるオルタナティブな教育を行って、真に人間性を尊重する教育を行うべきであると主唱したのである。

　すなわち、学校教育における従来からの権威、規律、規則、時間割、教科書、テスト、評価、また教室という固いコンクリートで囲われた囲い、などの伝統的な教育体制は、子どもたちの自由な人間性の発達を阻んでいるというのである。このような伝統的な障壁をすべて排除することが、子どもたちの真の人間性を目覚めさせることができるというのである。

　このような伝統主義的な教育体制を排して、子どもたちを完全に自由にするという"非管理、非指示"的指導態勢にしなければならないというのである。このような理念をモデルにしたオルタナティブスクールが、1970年代初頭には全米各地に設立された。その中で最も有名なのが、東のフィラデルフィアの"パークウエイ・プログラム"、西のハワイにおける"コミュニティクエスト"であった。

カイルア高校のコミュニティクエスト

　オルタナティブ教育の主唱者の一人で、教育の人間化論を唱えたT.ブラメルドはハワイに来て、ハワイ州教育委員会を直接に指導し、オルタナティブ教育を試行した。1970年代初頭に、彼は、オハウ島東岸のカイルア高校を、オルタナティブスクールに転換させ、新しい革新的な教育を試行したのである。

　彼は、伝統的な教育に代えて、コミュニティクエスト（Community Quest、社会探究）のプログラムを掲げたのである。"意義のある教育を目指して"及び、"コミュニティがわれわれのクラスである"をモットーにして、教育の人間化、自由化、社会化を目指したのである。

　生徒たちは、権威や教室や規則や時間割などの伝統的な一切の教育態勢に拘束されることなく、自分自身で勉学のプログラムを作り、学校内の教室から自由に校外へ出て、指定されているラーニングステーションなどを通して学習し、社会を探求し、自ら課題を見つけ、自ら問題解決をするという学習方法を

採ったのである。ワイキキのホテル、動物園、映画館、パールハーバー、パイナップル畑などを学習ステーションに選び、その場所の協力指導者たちの援助を得て、生徒自らが主体的に学ぶという方法である。

　私は、1973年にこのカイルア高校を訪問した。生徒たちはほとんど校外に出ており、学校全体が空っぽの状態であった。社会科教室に入ったら裸の男女のセックスモデルがおかれているなど、奇妙な光景が多く見られた。当該教師に尋ねると、「生徒の希望を聴き、彼らの社会的、人間的関心などの要求を素直に聴き、それを充たしてやるために、教師は協力している。」と、答えていた。

アメリカ教育の大失敗

　この個人の人間性を尊重するというオルタナティブ教育理念は、アメリカ教育に与えた影響は極めて大きかった。1970年代には一般の正規の学校にもこの人間性尊重の教育という非管理教育理念が浸透して行った。それは、伝統的な固定化画一化された教育ではなく、カリキュラムや時間割や規則などを変えて自由にするという"可変性と自由性"を重視する教育である。この結果は、学校規律などが放縦に流れ、生徒たちは学力を低下させ、教師たちは指導力を低下させ、学校崩壊の様相さえ見え始めてきたのである。

　1970〜80年代のアメリカの学校は、授業中にもかかわらず生徒は校庭にでて、そこらあたりにいっぱいたむろし、中には男子生徒が女子を膝に乗せてキスをしている光景なども見られ、校舎内ではタバコを吸っている生徒も多く見られる状態になったのである。

2　初期のオルタナティブ教育の影響

日本教育への影響

　当時の日本の教育学会においては、この非管理主義教育理念を、アメリカの新しい教育革新理念として喧伝した。しかし、この非管理教育による学校規律の乱れについての実体については、まったく報告されなかったのである。学力と規律を重視する当時の堅実な日本の教育を非人間的な教育であるとして"管理主義教育"と銘打って、規律ある学校を痛烈に批判したのであった。

　この軽はずみな管理教育批判は、マスコミなどによって一層加速され、管理教育反対の声が、日本の教育界を席巻したのであった。この潮流は、現場の堅

実な真摯な教育指導をしていた教師たちには、大きな衝撃となったのである。このことは、例えば、規律ある生徒指導や学力向上のための受験指導を行っていた、まじめな教師たちの"教育的情熱"を殺ぐことになってしまったのである。このような管理教育批判からわが国の教育の衰退がまさしく始まって行ったのである。

新しい学力観と生きる力

1990年代にいたって、当時のトップの文部官僚たちは、このアメリカが失敗した教育の人間化論を、教育学者や日教組などが一緒になって"ゆとりの教育"と称して、教育の人間化論を現場の学校教育に展開させたのである。"総合的学習"という一種の非管理的学習形態を前面に押し立てて、これを画一的に必修化したのである。

従来の国語、数学、理科、社会などの各教科の個別的な学問的系統主義的な学習では、真に人間尊重的な学習はできないと強調したのである。主要教科の時間数を減らして、教科科目を横断しての総合的な学習を行うというのである。その学習法は、子ども自身が課題を決め、自ら経験し、自ら問題解決をしていく、そしてその評価はしない、このような学習においてこそ新しい学力観としての"生きる力"が獲得できる、というのである。このような新しい学力観とは、ペーパーテストによるテストでは、測定できない真の学力が身に付くという考えである。

われわれ一般市民からすれば、このような学力観はウソっぽい空々しい学力論に映る。しかし、今もわが国の教育学会ではこの学力観を受け容れていて、しかも若い教育研究者たちもこのような学力観を、真の学力（Authentic Assessment）であると主張して、一生懸命に研究をして学会で真剣に発表している状況がある。

このことを子細に検討してみるとき、まさに、アメリカが大失敗した初期のオルタナティブ教育論を、焼き直しして日本版としたのが"ゆとりの教育"にほかならないのである。一般の父母は、このような教育論を熱心に実施する公立学校を避けて、私学や塾にわが子を送り本当の学力が身に付くように願っているのである。

第7講　オルタナティブ教育を進める

第2節　オルタナティブスクールが教育を建て直した

1　初期のオルタナティブ教育に反対
70年代初頭のアメリカの学校
　1970年代初頭の教育革新の波は、新しい教育モデルの学校を、各地に設立させた。学校内学校、壁のない学校、オープンスクール、マグネットスクール、ラーニングセンター、フリースクール、妊娠・子持ち生徒学校などである。
　教育の人間化論という"言葉の魔力"によって、正規の一般の学校においても、伝統的な管理体制を嫌って、教育の形を変えていろいろなオルタナティブ教育を行ったのである。例えば、教室の壁をなくしてオープンスクールにする、生徒は資料を求めて授業中自由に移動できる、授業中寝そべっていてもよい、教師も机の上に腰かけて授業をする、ティームティチィング、教壇を廃止する、時間割を自由にする、試験を廃止する、評価をなくす、などの非管理的教育の形が、いろいろな奇妙な教育形態で一層進行して行ったのであった。

初期のオルタナティブスクールに猛反対
　1970年代におけるこのような新しい教育の流れに対して、教育問題におけるギャラップ世論調査では、"学校規律の乱れ"が、いつも第1位となったのであった。このような世論を背景にして、リベラルな学者たちが唱える非管理教育に最初に反発したのは、教育を受ける側の父母たちであった。
　1975年ころより、全米各地において父母たちによる、教育の人間化論に対する反対運動が起こってきたのである。父母たちは、教育に対する"アカウンタビリティ（説明責任）"を叫んで、学校や教育委員会に押しかけたのである。規律を高め、3R's（読み、書き、算数）などの教科の基礎基本をしっかりと教育すべきであると要求したのである。父母たちは"基本に返れ"運動を展開し、このような人間性尊重の教育と称する非管理教育に抗議したのであった。
　進歩的な学者などの教育の人間化論という甘言にのって、非管理教育を行ってしまった教育委員会は、この父母たちの強力な声に、何らかの善後策を早急に講じなければならなくなってきたのである。

ファンダメンタルスクール（基本学校）

このような情勢のもとに、この初期のオルタナティブ教育に対抗して、伝統的な基礎基本を重視するファンダメンタルスクール（基本学校）の設立が、全米各地の教育委員会で設立されてきたのである。

最も有名なのがマサチューセッツ州のジョン・マーシャル基本学校である。この学校は、「伝統的な教育の砦であるA、B、C、Dによる評定、厳正な試験、厳しい服装規定、不良生徒の放課後留め置き、など…カリキュラムは厳しく、基本教科の重視、マナーを厳正にし、愛国的、教訓的徳目を定め、権威、秩序、静粛、統制などを重視する。」と、教育目標を鮮明にして、生徒募集を行った。この結果は入学希望者が殺到し、在籍定員1700名のところ、志望者が10000名を超えたのである。

このことは、当時のアメリカ国民が、いかに伝統的な堅実な教育を希求していたかがよくわかるのである。

2 オルタナティブスクール概念の変更

矯正的学校

父母の教育要求に応えるために、アメリカの各地の教育委員会はオルタナティブスクールの概念を変えたのである。その名称はそのまま活用して、その教育実態を全く別の理念に変えたのである。一般世論が要望するように学校規律を正すために、"悪徳非行"生徒を、正規の学校から外し、これらの生徒を矯正的に指導しようとする学校としたのである。

暴力、麻薬、いじめ、教師に反抗などの問題行動のある生徒を、強制的に収容し、矯正的な指導を行う学校を、正規の学校とは別にオルタナティブスクールとしたのである。この基本概念は、現在まで続いてきており、現在ではさらに発展して、多様な問題生徒に対して、それぞれに適する多様なオルタナティブスクールが作られてきている。

オルタナティブスクール概念の拡大

現在のオルタナティブスクールには、人間尊重を旗印にするなどの実態ではないのである。正規の学校から、問題行動生徒、不登校・怠学生徒、精神的問題を持つ生徒、妊娠・子持ち生徒などを送り、それぞれに対応し、矯正するた

めの学校としているのである。そのほかに、特別支援学校、職業専門学校、チャータースクール、自宅学校、あるいはコミュニティカレッジなども、広義のオルタナティブスクールの範疇に入れている。

正規の学校の他に、このような多様なオルタナティブスクールが存在しているのが現在のアメリカ教育の実情である。現在のアメリカの正規の公立学校は、目をみはるばかりの規律正しさで、問題生徒は一人もいないのである。いろいろな問題生徒は、それぞれのオルタナティブスクールで矯正的に指導を受け、立ち直れば元の正規の学校に戻ることができる、という制度になっているからである。

このオルタナティブスクールのおかげで、アメリカにおいては高校卒業時の18歳までに中途退学をしたり不登校になったりする生徒はいないのである。真に一人ひとりの生徒を大切にするという教育制度がオルタナティブスクールであるということができるのである。

3　オルタナティブスクールの実例
問題生徒のオルタナティブスクール

アラバマ州、フーバー市教育委員会は、中学、高校の品行に関わる問題生徒のたにクロスロード・オルタナティブスクールを設置している。この学校には２つのコースがある。１つは、ビギニング（Beginning）、他の１つはセカンドチャンス（Second Chance）である。ビギニングとは、学校不適応生徒や比較的軽い非行や規則違反者を矯正的に指導するコースである。セカンドチャンスとは、麻薬、暴力、いじめ、教師に反抗などの大きな深刻な暴力行為等を犯した生徒たちを指導するコースである。

この学校の玄関を入ると、正面に生徒が順守しなければならない徳目が掲げてある。アメリカ国旗と共に、愛国心を中心に、正義、忍耐、忠誠、市民性、融和性、公正、勇気の各徳目が掲示されている。これらの徳目を順守させることが、この学校の目指すキャラクターエデュケーション（品性教育、人格教育）の内容である。

セカンドコースの問題生徒は、各個人のブースにそれぞれはめ込まされている。そしてそのブースには、例えば「THINK before you act！；君が行動す

る前に考えよ！」というような道徳的格言が掲げられているのである。このブースの中で各自が身をもって反省し、自らの努力で自らを磨き、立ち直らせようとしている。

　自らの悪徳行為は自分でよく分かっていることであるから、いわゆるカウンセリングとかお説教ではなく、ブースの中で孤独になって自分自身で反省するのである。拘留期間は、最低45日で、さらには90日、さらには学期全期間となっている。立ち直ることができれば、ビギニングへ転換でき、ビギニングで立ち直ることができれば、もとの正規の学校に戻ることができるのである。

多様な教育

　アメリカの正規の学校は、細かい校則のもとに規律正しい指導が行われている。しかし、一部の生徒は規律正しい校風になじめずに、規則違反や、不登校などの問題を起こす生徒がいる。このような生徒は、正規の学校から外れてオルタナティブ（代替の）な教育を受けることができるように配慮されている。このようなオルタナティブ教育によって、一人ひとりの生徒を落ちこぼれさせないような、きめ細かい指導をするのである。みんな一緒に画一的な教育を行って、中途退学や不登校の生徒を作ってしまうような教育はしないのである。

　オルタナティブスクールの1つとしてチャータースクールがある。この学校は、正規の学校と違って、特別な目的を持って申請し、教育委員会からチャーター（特別認可）を得るのである。例えば、「州統一テストに合格させて、卒業認定率を上げる」という目的で申請し、この特別な目的が果たせるように特別認可を得て、生徒を募集するのである。一般に、チャータースクールは大都市のマイノリティの多い地域に、多く設立されている。現実にその成果を上げているのがチャータースクールの実情である。

ロスアンジェルス教育委員会（LA unify）の場合

　この教育委員会管内はロスアンジェルスのダウンタウンを中心とした地域を管轄しており、住宅環境、教育環境としては、決して良い地域ではない。この管内では、100か国語もの言葉が入り混じって話されているという多様な人種の集まっている地域である。

この管内の高校卒業率は約50％である。したがって、父母は、高い卒業率を目指すチャータースクールなどへわが子を入学させようと希望する。このような学校は、制服を定め、学校規律を正し、学力の向上に努力するのである。したがって、底辺層の父母たちの信用が高く、子どもの"規律と学力向上"を願って、入学希望が多い状況となっている。

チャータースクールの例
　ロス空港に隣接するアニモ・ヴィーニスチャーター高校のトミー・チャン校長は、次のように説明した。「この学校は4年前に設立された定員500人（4年制）で、卒業率を上げるために規律を厳正にしている。毎年200人くらいが希望し、さらに入学希望の待機者が200人程度いる。」と、地域からの期待の高いことを強調していた。
　アニモ・リーダーシップチャーター高校のジュリオ・マルシア校長に聴く。「この学校の制服は、黒色であるが、GPA3.5以上の優秀生徒はブルーシャツを着せている。12年生には17人の優秀生徒がいて、このシャツを与え着用させている。この学校の目的は良い大学に入学させて、その人材を地域に還元させる。」と、その抱負を述べていた。

アメリカ教育の精華
　アメリカの正規の学校では、遅刻をしたり、無断欠席をしたり、暴力をふるったり、教師に反抗したりする生徒はいないのである。問題を起こすような生徒は、オルタナティブスクールへ送られ矯正的に指導を受けているのである。このことこそは、父母の素朴な教育要求に応え、大多数の善良な生徒が良い学習環境のもとに静かに勉学に勤しむことができるようになっているのである。
　子どもには多様な個性があり、その違いを適正に認めて、それぞれの生徒に的確に応えるための多様な教育をして行くのが良い教育である。大多数の問題のない普通の善良な生徒も、問題を持つ生徒も、それぞれに別個な指導方法によって指導され、誰も落ちこぼれさせてはならないようにする。一人ひとりの教育を成功に導くことができる教育、このことこそが真のオルタナティブ教育である。

このようにアメリカの教育が過去非管理的な教育で失敗したことも、またアメリカの教育を建て直したことも、いずれもオルタナティブ教育の成否に因るところが大きい。言い換えれば、アメリカの真の教育を語るときには、オルタナティブ教育の実態を知らずして、真のアメリカの教育は語れないのである。

第3節　オルタナティブスクールに対する日本の反応

1　わが国のオルタナティブ教育観
オルタナティブ教育を差別と見る
　私は、過去20年に亘って、日本にもオルタナティブスクールを作るべきであると主張してきた。最初は「それは差別教育につながる」と、教育学者たちからは歯牙にもかけられないような教条主義的な反対論が極めて強かった。しかし、最近では「文化的に日本の土壌に合わない」というような本質から外れた反対論に変化してきている状況である。オルタナティブスクールというアメリカの模倣的教育には拒絶反応を示しながら、それとは異質の日本独自のフリースクールという概念形成をして、オルタナティブスクールもどきの形態で容認されつつある。
　問題生徒を正規の学校から排除すれば、学校全体の規律が良くなるということは、"割れ窓の理論"によって明白なことである。平成18年の文科省による「生徒指導体制の在り方」の中に"出席停止は生徒指導上有効な手段の一つである。"と記されている。このことは、出席停止が、その生徒の問題行動や怠学などの立ち直りのためばかりではなく、学校全体の規律保持のために極めて重要である。このことを、わが文科省が認めたということで、まことに画期的なことで当然なことである。
　このことは、アメリカが成功しているオルタナティブスクールを参考にしたというより、我が国の伝統的な教育観からして当たり前の指導方法に回帰したということができよう。私は、出席停止という方法からもう一つ踏み込んで、オルタナティブスクールを何らかの形で正規に創りあげるということを、我が国の教育にも早急に制度化すべきであることを、提議したい。この制度の確立

こそは、我が国の教育再生につながる重要な第一歩となりうるのである。

わが国の問題生徒は"かわいそう"である

わが国の中学、高校においては、不登校や中途退学者がそれぞれ10数万人ずついる。現今の教育風土のもとにおいては、無理に学校へ行かなくてもよいというような教育論が、ある程度でき上ってしまっている。このような情況のもとに、現場の教師たちが当然として考える当たり前の規律ある指導法に苦悩し、的確な指導ができていない状況にあるのである。この結果は、怠学生徒が登校意欲を失ったり、時には教師が、体よく自主退学を促したりしてしまうケースさえ生じてくるのである。

このような指導方式は、子ども自身の自己規律に目覚めさせて真に自らが立ち直ろうとするような態度の育成にはならないのである。またわが国においては、普通の規律指導に耐えられない生徒たちは、"自分は悪くない、親が悪い、学校が悪い、社会が悪い"などの観念に陥ってしまって、中途退学や不登校になってしまうのである。

アメリカや諸外国においては、"No Excuse（弁解なし）"の教育観が徹底されている。学校に行けない、行かない、などは本人自身の責任であるとみなされるのである。教師が悪い、学校が悪い、親が悪い、社会が悪い、などと言って、学校を欠席することは許されないのである。前述のとおり、オルタナティブ教育で一人ひとりを落ちこぼれさせないようなきめ細かい指導をするのである。このようなアメリカの取り組みと比べると、わが国の問題生徒は"落ちこぼれ"を容認されてしまっているのである。このことが不登校生徒や中途退学生徒を生じさせてしまうことになってしまうことであり、まことに不幸なことである。

2　問題生徒をどのようにして立ち直らせるか

現実の生徒の実体をよく知らなければならない

生徒はそれぞれ違った個性を持っており、多様な能力を持っている。したがって、それぞれの生徒の能力を最大限に伸ばすための多様な指導がなされなければならないのである。まず、どんな生徒が現実に存在するか。このことの正しい認識が必要である。その多様な生徒像を類型にしてみるとおおよそ次の

ように分類できる。
- 大多数の善良な生徒　規律正しく従順で、合理的な意味のある規則に対しては何の痛痒も感じない。
- 怠学生徒（トルーアント；Truant）　遅刻、無断欠席、勉強嫌い、宿題忘れ、規則違反などの傾向を持つ
- 問題行動のある生徒　攻撃的な性向が強く暴力、麻薬、いじめ、教師に反抗などの犯罪的傾向を持つ
- 反社会的・反倫理的な生徒　反体制的な行為に陥りやすい
- 不登校生徒　何らかの原因で登校を嫌うか、登校困難性を持つ
- 非社会的生徒　非社会的性向が強く、人間関係がうまくいかない
- 精神的に弱い生徒　精神的に問題を持ち、心理的問題についての悩みを持ちやすい
- 発達障害を抱える生徒　PTSD（外傷後ストレス障害）、アスペルガー障害、ADHD障害、などの問題を抱える
- 妊娠・子持ち生徒　性的過ちを起こす傾向がある

　このようないろいろな生徒像が現実に存在するということをしっかりと認識して、その実態を認めなければならない。この現実の実態の認識のもとに、それぞれの問題生徒に対する的確な指導がなされなければならない。どんな生徒に対しても同じようなカウンセリング的な指導一辺倒で画一的に指導できるということは不遜な指導観である。

効果のある指導法

　このような生徒の実体を踏まえて、効果のある指導法をそれぞれに対して的確に行わなければならない。この場合、
① 大多数の善良な生徒に対しては、学校教育の基本である権威と規則を重視する規律正しい指導法をきっちりと行って行く。この認識は極めて重要である。
② その他の問題行動のある生徒は、それぞれにオルタナティブな指導をする。その結果、立ち直ることができれば、元の規律正しい正規の学校に戻す。

- 怠学生徒や不登校生徒や非社会的生徒は、規律や規則を緩和したオルタナティブスクールを設置し、自らの希望で、初めから入学させるか、ここに転学させる。
- 問題行動のある生徒に対しては、法的な処置も含めて矯正的指導を行う
- 精神的疾患や障害を持つ生徒は、一般教師のほかに、精神科医や心理カウンセラーなどの専門家による協力援助のもとに治療的に指導する。
- 妊娠・子持ち生徒は、それ専用のオルタナティブスクールを作って産前産後や育児や身体保護的な指導をする。

3　情緒主義から法治主義へ

叱るという指導

　オルタナティブ教育を行うに当たっても、教育の普遍的基本的原理である管理、権威、規律、規則、競争・能力主義などの教育指導上の重要な基本原理を否定するような基盤に立つ教育であってはならない。

　例えば、教育指導に関して権威を重んじる指導としては、わが国の伝統的な指導法である"叱る"という指導法がある。

　「教師が叱る→生徒は素直に謝る→教師は許す→生徒は立ち直る」

　という、わが国独特の指導態勢がある。この場合、戦前のように教師の権威が確立されており、教師はこの権威を背景にして生徒に接し、生徒は教師を信頼するという、生徒と教師との間の正常な相互作用が成り立っておれば、この方法は非常に良い効果を上げることができるのである。この指導方法こそが、まさに教師と生徒の"信頼関係"を基にした指導法であると言えるのである。

フリースクールをどう考えるか

　アメリカにおけるオルタナティブスクールのような教育を、わが国でも進めようとする動きがある。第九次提言の中にも「フリースクールなどの多様な場での学びの充実」という提言がなされている。ここでいうフリースクールとはアメリカ的なオルタナティブスクールとは、少し違うようである。

　アメリカにおける初期のオルタナティブスクールの概念は、"教育の人間化論"に基づくフリースクール的な意味合いが大きかった。学校の教育体制からすべての権威や規則から解放させてやれば、子どもたちは真の人間性に目覚

め、自主的に行動でき、良き成長ができる、という考え方である。しかし、このことは、アメリカにおいて1970年代に実際には大失敗をしてしまったのである。

現在アメリカにおいて成功しているオルタナティブ教育の概念は、正規の学校に"代わって"、あるいは"別途に"行う教育、という概念である。正規の学校の規律正しい教育に耐えがたいという生徒に対して、別途に矯正的な指導を受けて立ち直らせ、立ち直ることがきたら元の学校に帰るという概念である。このオルタナティブスクールは現在アメリカ教育にしっかりと定着しており、成功を収めている制度である。

わが国のフリースクールの概念はどのようであるか。どうもアメリカの初期のオルタナティブスクールに似ているかのように、私には受け取られるが、もしそのようであったら、アメリカの二の舞を踏んで失敗してしまうことになるであろう。事実、わが国でもいくつかのフリースクールで失敗しているところを見ても明らかである。

フリースクールにおいても、教育指導の原点である自らの行動・行為には自らで責任を持つというノーイクスキュースの精神を重視する自己責任主義的な指導を疎かにしてはならないのである。自らの行動の自由性は自らで責任を持つという、この大原則のもとに、規則を重視する法治主義的な指導を順守させるという指導法が、非常に大切である。このことこそが、問題生徒を早期に立ち直らせ、早期に元の学校に戻すことができることになるのである。

怠学的生徒の指導

アメリカの学校の生徒ハンドブックにおいては、学校規律を乱す分野において必ず"怠け（truancy）"の項がある。わが国においても、遅刻、無断欠席、宿題忘れ等の怠けに関わる問題は、実は大きな生徒指導の問題である。しかしわが国においてはこの問題をあまり表立てて正面から取り扱ってこなかった。トルーアンシーの問題は、現実の学校においては、実は最も重大な規律的指導問題であって、現場の教師の最も苦しむとところとなっている。

このようなトルーアンシーの中には、アスペルガーやADHDなどの障害を持つ生徒が混在している可能性がある。しかし、教師はまずは伝統的な当たり

前の指導を行えばよい。その指導がうまくいかなければ、その時にはスクールカウンセラーなどの助力を取り付ければよいのである。

　これからは教師もそのような障害についての知識を持つことは大事だが、教師としてやるべきことはもっと大事である。教師は安易な心理士の役割をこなせるようであってはいけない。心理的な問題は、しかるべき専門的なところに確実に委任しなければならない。

　怠けやサボリなどの生徒を指導するのに、伝統的な当たり前の指導ができなくなってきている学校が増えてきているが、このような障害を持つ子供たちの風説が強調されすぎて現実の生徒指導に大きな影響を与えている面がある。

第4節　発達障害の生徒をどのように指導するか

　この節に関しては、メンタルヘルスに詳しい産業医の田口要人氏は次のように述べている。

1　専門家による正しい指導が期待される

発達障害を持つ児童生徒は増えている

　平成27年5月1日に文部科学省が行った調査結果が公開されて、通級指導を受けている生徒が9万人を超えたことが話題になった。通級指導とは、軽度の障害をもつ児童生徒が通常の学級に籍を置いて、特別な指導を受けることをいう。発達障害を持つ児童生徒数が9万人を超えたと誤解されているが、この数字には言語障害や難聴などの児童生徒が含まれている。それらを除いた一般的なイメージの発達障害は52606人である。この分類は専門家による診断ではなく教員による分類という点は注意が必要だが、今のところ把握できる貴重な資料である。というのも精神医学でも発達障害などに関する診断については議論が続いているのが現状で、全国的な統計資料はない。さて、この調査の過去の結果と比較すると、発達障害にあたる児童生徒数は平成18年と比べて5.4倍、平成5年と比べて39.3倍になっている。発達障害を持つ児童生徒が増えたというより、気が付けるようになったという方が正しい。

　軽度な発達障害を持っている生徒は、早期にその特長を理解され、特性に応

じた教育を受けることがとても重要といわれる。自信を持ちつつ、自分の限界を受け容れること。そして、社会でやっていくために他者に相談することとルールを守れることが身についていないと、うつ病や不安障害、問題行動などにつながるからだ。そうならないために、発達障害などの課題を抱える児童生徒やその保護者にはスクールカウンセラーなどの専門家の活用が必要と思われる。

心配なのは教師がカウンセリングマインドの研修を受けて、心理の専門家になったつもりにならないかどうか。カウンセリングマインドで指導すれば魔法のように生徒指導ができると信じられていた時期がある。しかし、数日の研修で身につけられるのは、せいぜい指示を行わずに相手の話を受容しながら共感して聴く態度ぐらいのものだ。これで、児童生徒の問題行動が解決すると考えるのは危険である。ましてや、発達障害にはカウンセリング、特に共感だけで指示をしないカウンセリングは役に立たない。通常の指導でおかしいなと思う時は教師の責任や指導力の問題ではないので、専門家と相談、連携する方がよい。

ゼロトレランスとカウンセリングは矛盾するのか

生徒指導の理論・考え方、実際の指導方法は体系的にまとめられていない。文部科学省も生徒指導提要の中で、この事実を認めている。生徒指導をめぐってゼロトレランス方式とカウンセリングが矛盾するものとして長く議論されている原因はここにあると思われる。一日も早く整理してほしい重要な問題である。

教育の専門家でない私が言うのもはばかられるが、この二つは対立するものではなく、どの場面にどちらの方法論を用いるかを整理していないことに問題があるのではないかと考えている。心理学には、人間の行動を研究した応用行動分析学という分野がある。人間の行動には法則があると考える。その考えに基づけば、児童生徒が問題行動を起こすのは、心に問題があるからではない。問題行動を減らしたければ、単にその行動をとってしまう条件を変えればよいと考えるのだ。そういう視点でみるとゼロトレランスは、罰を与えることで問題行動を減らす仕組みといえる。もう一つ逆の方法としては、称賛したりご褒

美を与えたりして望ましい行動を増やす方法がある。海外では、ポジティブな行動への介入と支援（PBIS：Positive Behavioral Interventions and Supports）として研究や実践も進んでいる。罰も褒美も、その行動の直後、特に60秒以内に与えられるほど効果が高いと言われている。つまり、問題行動が起こった時に必要なのはカウンセリングではなく、行われた行動への適切な反応である。

カウンセラーに対する正しい認識

問題行動を起こす前の予防や問題行動を起こした児童生徒がしかるべき反省をした後には、外部の専門家であるスクールカウンセラーが活用できる。カウンセリングというと非指示的なものというイメージが定着しているが、スクールカウンセラーが問題行動に関与する際には、非指示的なカウンセリングだけを行うわけではない。状況に応じて、様々なアプローチを行って問題に対処している。しかも、心理的なアプローチの限界も理解し、必要であれば警察やその他の専門家と連携できるからこそ心理の専門家なのである。スクールカウンセラー導入時は、何でもできるスーパーマンという誤解もあったが、導入当時から当のカウンセラーたちは自分たちの限界を認識し、細心の注意を払っていたようである。

さらに個別に面談するカウンセリングという方法以外にも、例えば怒りをコントロールする方法を教えるアンガーマネジメントなど、いろいろな技術を身につけている。心理の専門家として、状況にあった方法で問題に関わっていることが報告されている。いじめや不登校は、複雑な要因が背景にあるからこそアメリカのように様々な専門家が、あらゆる教育的手段を用いて対処すべき問題である。日本でもスクールカウンセラーが定着しつつあり、福祉に詳しいスクールソーシャルワーカーや進路相談に詳しい進路指導員などティームで取り組む動きが出てきている。更なる充実を期待したい。

2　多様な個性が生かされる教育の実現

教育再生実行会議が第九次提言の中で「多様な個性が長所として肯定され生かされる教育」の実現には、子ども一人ひとりの課題に丁寧に対応するとともに、長所や強みを生かすという視点に立った教育の充実が不可欠である、と述べている。このことは、とりもなおさずアメリカにおけるオルタナティブ教育

の理念と同じであり、まことに時宜を得ている方針である。
　多様な教育態勢は極めて重要である。障害や不登校、学習内容の未定着、家庭の経済的状況、などの問題を抱えているためにじゅうぶんに能力を伸ばすことのできなかった子どもたちに対して、一人ひとりに適切な教育がなされなければならないのである。さらにもう一つの重要な観点でいえば、特に優れた能力をさらに伸ばすための教育すなわち才能教育の充実や、リーダーシップを育てる教育にもじゅうぶんに力を注いでいかなければならないということである。

　教育再生への提言
　　1　オルタナティブスクールを作り、問題生徒の立ち直りを図る
　　2　オルタナティブスクールを作って、不登校生徒や中途退学生徒をなくする

第8講 品性教育を推進する

第1節 わが国の道徳教育論

1 わが国の道徳教育観

儒教主義的道徳観

　江戸幕府は、室町時代後半からの下克上による戦国の時代の混乱を収めようとして、天下泰平のための各種の施策を行った。参勤交代制や士・農・工・商による身分社会制度の確立などの施策である。このようにして社会秩序を保ち、幕藩体制を強固にして封建制社会の安定を狙ったのである。

　このような封建制社会制度の維持強化を一層確実に図るために、江戸幕府は、四民の階級的な精神的基盤の支柱として儒学的道徳観を採用したのである。孔子や孟子の教えを基にした学問や道徳思想を普及させて、四民の倫理的基盤としたのである。孔孟の訓えに基づく「修身斉家治国平天下」を絶対視する儒教主義的道徳観の定着を図ったのである。藩校や寺子屋などによる教育によって、武士階級から一般平民に至るまでくまなくこの倫理観が普及されていったのである。

　三代将軍家光は、武家は「文を左に武を右にす…」と文武両道であるべきことを要請したのである。また、享保改革においては、室鳩巣が「六諭縁えんぎ大意」要約し、「父母に孝順、長上を尊敬し、郷里に和睦し、子孫を教訓し、おのおの生理をあんじ、非違をなすなかれ」などは、寺子屋の手本になったの

である。

　このような結果は、260年に渡る戦乱のない江戸時代の天下泰平の社会を築き上げたのである。このような社会秩序を保ち得た元になったと考えられる儒教主義的道徳観は、今日までも引き続いてきている。今ではわれわれ日本人の精神文化の基盤となって活き活きと生き続けているのである。特にわれわれ教育界においては、"教育は信頼関係で成り立つ"という観念的教育論の醸成の元は、この儒教的道徳観が強く働いていることに因るものであると言えよう。

寺子屋教育

　このことについては「教育ガイドラインⅠ：国際教育事情研究会（代表風間邦治）」は、次のように述べている。寺子屋へ通う生徒数は、嘉永年間（1848〜54年）の江戸府内では70〜80％、農村部を除くと90％、武家階級はほぼ100％であった。しかも手習い師匠に対する子供たちの尊敬は97％であったという。中江藤樹の「鑑草」には"子供の前で親や師の欠点を言わない"と書かれており、教育における"尊敬"の念がいかに重視されていたかがよく分かる。この寺子屋教育における道徳観の育成や識字率の高さは、世界的にみて極めて高い。イギリス（1837年）20〜25％、フランス（1793年）1.4％、日本（1850年、江戸）75％であった。江戸時代から今日に至るまで、わが国の教育文化の根幹となってきている識字率の高さは抜群である。

松陰先生の品性教育

　今日、萩市立明倫小学校においては、小冊子「松陰先生のことば」を監修し発行している。この裏表紙には、次のように記されている。

　「今日よりぞ幼心を打ち捨てて人成りし道を踏めかし」、「志を立ててもって万事の源となす」と、萩市立明倫小学校では朗誦されている。萩藩校明倫館の跡地に立つ萩市立明倫小学校では、毎朝、各教室で子どもたち全員が"松陰先生のことば"を朗唱している。ここには、松陰が志を託した数々のことばには、日本再生のヒントが隠されている。

　この「」の中に在るような、このような18の松陰先生のことばがあるが、これこそがまさに江戸時代における儒教的道徳観によって培われた集大成である。この「松陰先生のことば」を、伝わる志として、今日になって明倫小学校

においては毎日朗唱しているのである。この精神は萩市だけでなく、われわれ日本人にとってはまさに同感できるものとなっているのである。このような精神文化が、わが日本人の共通の文化となって、全国的に賛同され継承されてきているのである。

ヘルバルトの人間陶冶論

明治20年に、ヘルバルト学派のE.ハウスクネヒトが、東京帝国大学に招かれ、4年間教育学を講義した。彼の訓えを受けた弟子にあたるわが国の明治時代の教育学者たちが、その後のわが国の教育学の主流を形成したのであった。ヘルバルトの主張する教育学の根幹は、教育目標としては、倫理的内容を重視する"品性陶冶"を教育の大きな柱としたのである。この人格陶冶論的な教育観は江戸時代からの儒教主義道徳論ともよく融合したのである。

さらには当時の西ヨーロッパ諸国の国家主義的な教育観とも併せて強調され、これらが明治の富国強兵論的な思想ともよく融合した。これらが総合されて、前掲のように修身教育を主軸として、明治以降のわが国の道徳教育の主流となっていったのである。

2　わが国の道徳教育の成り立ち

実利主義教育と儒教精神

明治5年（1872年）に「学制仰せ出され書」が発布され、わが国の学校制度が始まった。前掲したように「人々自らその身を立て、その産を治め、その業を昌にし、身を修め、智を開き、才芸を長ずるは、学にあらざればあたわず、…」と、学校教育の実利的目的が事細かく示された。

このような実利主義優先の教育理念があまりにも強調され過ぎて、それに反発したのが、江戸時代からの流れを汲む儒教主義者たちであった。彼らは、学校教育の中へ儒教精神を積極的に採り入れて、人格教育を教育の根幹にするべきであると主張したのである。

このような世論が高まって、明治12年（1879年）には、教学大旨が発布され、明治23年（1890）には教育に関する勅語が発布された。ここには、わが国の肇国の精神が明確に示され、日本人としての人格形成の具現化が示され、国民の歩む道が明確にされたのである。

修身教育

　第3講で説明したように、教育勅語が発布されて、その趣旨に沿って翌明治24年には修身科の意義がしっかりと明示された。それは「徳性の涵養は教育上最も意を持ちふべきなり故に何れの教科においても道徳教育国民教育に関連する事項はことに留意して教授せんことを要す」と、小学校教則大綱に示された。

　そして、実際の修身教科書においては、おおよそ次の25の徳目が取り上げられた。

　家庭のしつけ、親孝行、家族・家庭、勤労・努力、勉学・研究、創意・工夫、公益・奉仕、進取の気性、博愛・慈善、資質・倹約、責任・職分、友情、信義・誠実、師弟、反省、正直・至誠、克己・節制、謝恩、健康・養生、武士、愛国心、人物・人格、公衆道徳、国旗と国歌、国際協調、である。

　これらの道徳的徳目の大切なことを教え、それらを身に付けさせるためには、主として古今東西の偉人伝などからの逸話などを参考にして、日本国民としてのあるべき道徳観の醸成を目指したのである。

3　戦後の道徳教育論

　敗戦の昭和20年（1945年）12月には、「修身、日本歴史、及び地理の停止に関する件」の指令が、占領軍から発せられた。それに応えてわが国の教育は、軍国主義・国家主義の除去、人間性・人格・個性の尊重、民主主義の徹底などの方向に急転換したのである。この趣旨に沿って、戦前の教育はすべて"悪"であったという風潮にわが国の教育学会は押し流されて行った。

　戦後の道徳教育論は、この潮流にはめ込まされた基本概念によって、修身教育は第一に排除の対象となった。それは、観念主義的で、画一的であり、しかも軍国主義的で、国家主義的であるとのレッテルを貼られてしまったのである。徳目主義に傾き、自由主義社会における自由な精神で、自由に道徳的価値を選択することができないと、評価されてしまったのである。

　しかし、敗戦後年を経るにしたがって、教育学会以外の識者や一般国民からの道徳教育の必要性の声が大きくなってきた。特に"愛国心"の重要さなどを含む道徳教育に対する国民的要求などが高まってきた。

このような情況のもとに、昭和33年（1958年）には「道徳」の科目が設置されたのである。しかし、現在に至ってもその目的はじゅうぶん果たされていないのが現実の情況である。このゆえに、現在の道徳教育の現状は、戦前の修身教育を嫌悪するあまり、人間形成のために必要な徳目を素直に教え込み、それを実践させるという、素直で当たり前の道徳教育ができないでいる現状である。

第2節　アメリカの道徳教育の変遷

1　アメリカの伝統的教育

ピューリタンの教育精神

　ピューリタン（プロテスタント）たちは、貧しくとも清らかな心を、持ちづけて暮らして行くことができる、この固い宗教心のもとに幸いのある丘の上の都市を築き上げるために、アメリカに渡って来たのである。しかも、その結果として古い因習の多いヨーロッパ社会に抵抗して（protest）、新生国家アメリカを立派に作り上げたのである。

　第3代大統領ジェファーソンは、「アメリカ人がヨーロッパへ留学するのは知識の面でも道徳の面でもマイナスになる。」と述べた。このようにアメリカの初期のパイオニア精神のもとに、"自由、平等"の旗印を掲げ、19世紀には、世界に先駆けて教育における画期的な公立学校制度を作りあげた。

厳格なアメリカの教育

　19世紀後半のW.ハリス教育省長官は、新興国アメリカを隆盛に導くために、厳格な教育態勢を作り上げたのである。彼は、ピューリタン精神のもとに「子どもは既存の秩序にすぐ慣れ、それを1つの習慣として服従でき、子どもの欲求充足を抑え、権威への服従ができる。」として、規律重視の教育の必要性を強調した。

　彼は、前掲のように"機械的徳目"を重要視したのである。時間厳守、規則順守、規律、静粛などの良い行動態度は、理屈なしに指導すればよい。子どもたちは当たり前のことであれば何の抵抗もなく機械的に身につけるものである

と主張した。さらに重要な徳目として、他人との関係で自分自身を規制するための"社会的徳目"を重視したのである。自己規制、他人と調和、礼儀、尊敬、思いやり、奉仕、正義、愛国心などの社会的徳目を身に付けることの重要性を強調したのである。

20世紀初頭には、このようにアメリカの学校ではピューリタン的宗教規範のもとに規律が正され、道徳性の向上が図られたのである。このようなアメリカの規律ある教育態勢の中で、パイオニア精神のもとに、建国わずか百数十年の20世紀初頭には、世界一の強大な新生国家アメリカを創り上げたのである。

価値の明確化—宗教的な道徳教育ができなくなった

ピューリタンの人たちは、人は生まれながらに罪びとであるという原罪観のもとに、清らかな人生を送ろうと願っている。学校における道徳教育もこの宗教観と一致させて、人格の形成を図ろうとするものであった。したがって、人格形成のための道徳教育は、学校における宗教教育や宗教的行事を通して、それらを根幹として行われてきたのである。授業始めに祈りを捧げ、聖書の1節を読み、イースターやクリスマスなどの宗教行事に参加して、キリスト教的な良き人間形成を志向してきたのである。

第2次世界大戦は、アメリカ人としてのピューリタンたちだけでなく、黒人、ヒスパニック、アジア系などの人種も参戦して戦争に勝利したのであった。この故にアメリカ国家の精神的支柱であったピューリタン精神一辺倒では、アメリカ国家の融和的な精神形成には通りにくくなってきたのであった。

このような情勢のもとに、いくつかの提訴、裁判の後に、アメリカ最高裁は、1961年に、学校教育内における宗教教育の禁止という判決を行った。これによって、アメリカは宗教教育による神の訓えであるピューリタン的な"絶対善"を基盤とする伝統的な道徳教育の手法を失ってしまったのである。

それに代わって、1960年代における個人の人権を極端に尊重しようとするリベラルな風潮のもとに、個々人による道徳的価値判断がより重視されるべきであるということが主張されてきた。それは、"価値の明確化論"と言われる主張である。「絶対的な共通化される価値の存在を認めず、個々人がそれぞれで自らの価値の明確化をするということが重要である。」とする価値の相対性を

より重要視するという考えである。
　一宗教におけるみんな共通の絶対善とは対立するもので、個々人による価値を重要視して、個人個人が価値をそれぞれで明確化するという考え方である。

モラルジレンマ法

　1960年代のリベラルな時代的背景のもとで、アメリカの道徳教育に最も大きな影響を与えたのは、ハーバード大学のL.コールバーグであった。彼は、この価値の明確化論の不備はあるとの指摘はしながらも、価値教育をインドクトリネーション（独断注入）的に教えることには反対の立場をとったのである。このような理念のもとに、新たな道徳発達論を展開したのである。それは、

① 道徳的徳目は、倫理的哲学的に基づき絶対的に設定されるべきではない。一体何が正しく、何が間違っているかの基本的な理解の認識が重要である。

② 最初の段階は、罪とか罰などの倫理的な判断を重視するが、次の段階は自分自身の善悪の判断と関連させ、慣習や法や秩序などと関連させ、自分自身で考えて振る舞う。最終的には、客観的普遍的な道徳原則を持ち、脱慣習的であり自律的な倫理観を持つ。

③ 道徳の普遍性を考え、性・人種・宗教・文化などの違いはあるにせよ、道徳的判断についてはほぼ同じ段階で発達する、というグローバルな価値判断をするべきである。

　コールバーグは、このような道徳的発達論を展開して、"モラルジレンマ法"による道徳学習法を提唱した。その有名な例示は次のようである。

　「貧しい家庭の子どもが親の病気を治すために薬屋に盗みに入る」、このことは善いか、悪いか、と子どもたちに議論をさせる。子どもたちは素朴な倫理観で、"盗みは悪い、罰を与えるべきである"と言う、このとき教師は"貧乏な人々を作っている政治が悪いのではないか"と、政治論に発展させる。このように子どもたちに"心の葛藤"を与え、子どもたちで議論をさせ、それぞれが自身で善悪について深く考えさせ、子ども自身で道徳的価値判断を明確にさせるという方法である。

　コールバーグは、このモラルジレンマ法を推進するために"ジャスト・コミュニティ・スクール"連合を作って普及に努めたが、あまり大きな発展には

至らず消滅してしまったのである。このような情況のもとに1970～80年代のアメリカは道徳教育の空白期を迎えたのである。また、この時代は、教育全般も学校規律の乱れによる"教育の荒廃"とも呼ばれる教育の苦悩の時代になったのである。

2　道徳教育の再建

道徳的価値の伝達

このような情勢のなかで、アメリカの学者たちの間から伝統主義的価値を重視する考えが大切であるという論調が起こってきた。

1985年には前掲のイリノイ大学のE.ウエインの「道徳的価値の伝達」という論文が出された。彼は、この中で伝統的価値の再認識を行い、勇気を持って伝統的な倫理観を、学校で教えるべきであると主張したのである。それは、

① アメリカの教育は、知識や技術に走りすぎ道徳的価値の伝達を疎かにしてきた。

② "道徳的価値"とは、各文化の中で人間関係として形作られてきたものである。

③ 伝統は、若者の行為が固定化され悪徳行為の抑制となり、複雑な人間関係に関して道徳的判断を与えるものである。

④ 伝統は、インドクトリネーション（独断注入）的になることから批判されるが、批判するリベラルな識者たちは何の答も用意しない。

⑤ 学校は、インドクトリネーション的であった方がよい、またそうすべきであり、そうでなければならない。

⑥ 偉大な伝統は決して死せるものにはならない。学校の管理職や教師は勇気を持って伝統的な倫理観を教えるべきである。この基本原理は、教師として幅広く支持されるであろう。

このように1980年代になって、アメリカの知識人たちの間に、伝統的価値観への回帰が大きく主張されるようになってきた。

ベネットの道徳教育論

アメリカの健全な道徳教育の基盤を築いたのは、W.ベネットであると言ってよい。1989年、レーガン政権最後の教育省長官であったベネットは、報告書

"アメリカの教育"を、G.ブッシュ次期新大統領に提出して辞任した。この報告書の冒頭には、「アメリカの教育改革の道はいまだに遠い」と警告して、次の３点を今後の改革の中心にするべきであると提議した。

① 道徳学習（Moral Lessons）　"善と悪の確かな基準"を生徒にしっかりと教える。"誰が価値を教えるか、いかに教えるか"などと、教育学者たちは価値論や方法論で、理屈をこねて道徳教育を混乱に陥れている。人間として身につけなければならない道徳的徳目は、単純明快に教えられなければならない。

② 秩序と規律（Order and Discipline）　学校においては、"権威と組織と秩序"を生徒によく理解させなければならない。学校のエトス（倫理観）を向上させ、良い校風を作る。悪徳行為をする者に対しては決して黙認されるべきではない。

③ 猛勉強・努力（Hard Work）　学校は、学業の向上のための規律正しい良い学習環境が必要である。

このように、90年代におけるアメリカの教育改革の重要な課題が道徳教育にあることを、全国民に訴えたのである。

このベネットの主張は、現在のわが国の教育再生会議が掲げる「教育再生から日本の再生へ」の趣旨と、まさに同じことを主張していたのである。

ベネットの警鐘と道徳読本

ベネットは、教育省長官を退いた後も、道徳教育の普及のために大きく尽力した。彼は、1993年には"道徳読本"を上梓した。この本は次の10の徳目、自己規律、思いやり、責任、友情、勉強、勇気、忍耐、正直、忠誠、信仰の10章で構成されている。それぞれの章には、その徳目に関連する逸話、寓話、ことわざ、偉人伝、歴史、文学などからの古今東西の道徳的事例を集めてある。道徳の理屈を教えるのではなく、古今東西に渡る先人の立派な人生業績や善い立派な生活事実を素直に子どもたちに伝えようとしたのである。この本は832ページにわたる大部な本であるが、価格は30ドルという安価であるため、大ベストセラーとなり、各家庭の居間に置かれる読み物となったのである。

この道徳読本は３部作となっており、他の１つに「グラフで見るアメリカ社

会の現実：加藤十八、小倉美津夫共訳、学文社」がある。その序文の最後には、アメリカが道徳教育の失敗により、1960年以降30年に渡り大きな社会的損失をしてしまったことを次のように述べている。

「過去30年の社会の退歩は、われわれ社会的機関の弱体化した状態と、昔から大切にされてきた営為の重要な部分の継承に失敗したことが、大きな原因である。すなわち、若者に道徳教育を教えることができなかったことである。われわれは、魂の構築に関わる教育が、教育の根本的な目的であるという意識を取り戻すことである。自治的社会がこの責任を無視するとすれば、その社会は崩壊するほどの危険を覚悟すべきである。」

この序文にあるように道徳的社会の劣化が、アメリカ社会を崩壊させてしまうという警鐘であったのである。今現在の日本の情況においても、この道徳教育の衰退は、わが国の衰退にも通じることを銘記しなければならない。

3　キャラクターエデュケーション（品性教育）
キャラクターエデュケーションの発祥

アメリカの道徳教育は、1990年代になってキャラクターエデュケーション（Character Education）という新しい形で非常にうまく機能してきている。それは個人の良き人格形成のために、自己規律（self discipline）と社会的徳性（social virtue）を高めるための徳目を、どのようにして選び、それをどのように教え込み、どのように身に付けさせるべきか、という道徳的学習が品性教育である。

この品性教育のための各種の研究機関が設立されて、現在では、各研究機関がそれぞれの品性教育学習プログラムを発表している。全米の各教育委員会や各学校では、これらの研究資料を参考にして、品性教育プログラム作成して、各教育委員会や各学校で実践している。

キャラクターエデュケーションの実施例

アメリカのどこの学校を訪れても、玄関ロビー、廊下、教室、体育館の側面や天井などに、所狭しとばかりに道徳的徳目や格言が掲示されている。わが国の過去の終身教育もかくあるべしと思われるような光景である。わが国の学校では、現在ほとんど見られないが、この情景の違いが日米の学校情景の最も大

きな違いである。

　品性教育とは、生徒個々人の良き人格を育成するために必要な徳目を各学校で定めて、それを校訓のようにしっかりと教え込み、実践させることである。それらの善行を果たした善い生徒に対しては、きちっと表彰していくという教育である。

　大学などの研究機関、教育委員会、各学校などが、良き品性的徳目をそれぞれに研究して発表する。各学校は、これらの中から適切であると考える徳目を選び、それを学校の品性教育の目標（校訓）として実践する。

　そのいくつかの実例を挙げる。

① 　コア・エッセンシャルズ（Core Essentials；主要必須徳目）法

　この品性教育方式は、アラバマ州、フーバー市教育委員会指導のもとに、小・中・高校で行われている。この方式は、27の徳目を定め、毎月1徳目ずつ、3年間にわたって、習得するという方式である。このプログラムは、ジョージア州道徳教育センターと人間性協議会との協力のもとで開発され、チィック・フィルA食品会社が協賛している。

　毎月1徳目、1年間で9徳目、3年間で27の学習徳目が決められており、この徳目の学習副読本が作られている。その内容は、例えば、イソップ物語などの例を挙げて、動物が自然に備えている徳性・習性やことわざなどが盛り込まれていて、これらを勉強してその倫理観などを学ぶのである。教師は教室の授業の他、あらゆる場面でその月の徳目を指導をする。この実践に当たっては学校、コミュニティが協力する。例えば、街の協力店（チィック・フィル店など）に行き買い物をする場合、店員から"今月の徳目は？"などの質問を受け、答えることができれば、ご褒美（ハンバーグなど）がもらえるというシステムになっている。

　このプログラムの徳目は、1年目；責任、個性的、協力、思いやり、規律、友情、正直、礼儀、勉強、2年目；指導性、尊敬、独自性、平和、従順性、親切、勇気、満足、忍耐力、3年目；知識、決断力、感謝、寛大性、才気性、希望、公正、信念、服従、の27徳目である。

　ここに見られる徳目の特徴は、自己規律、従順性などを重要視していること

である。
② 徳性ある市民の開発（Developing Citizens of Character）法

この方式は、テキサス州フォートベンド教育委員会で行われている。冒頭に「指導理念―良き国民の育成；国家はその国民の道徳性とともに盛衰する。われわれ国家が、再生し繁栄するためには、現在および将来の国民は、自由と民主主義と市民社会を支持するための高度な倫理的基準と道徳性にゆだねられなければならない。」とある。このように品性教育の根本的な目標は国家の盛衰にかかわるものであることを強調しているのである。

そして、その指導徳目は、尊敬、市民性、忍耐力、責任、思いやり、勇気、信頼、高潔、正直、忠誠の10徳目を定めている。

第3節　品性教育を進める

1　日米道徳教育観の違い

アメリカの品性教育は日本の修身教育を見倣った

W.ウエインの「伝統的価値の伝達」やW.ベネットの「道徳観」などは、わが国の明治時代における儒教主義的道徳観によく似ている。現在のアメリカにおいてキャラクターエデュケーションが成功しているが、それは「コア・エッセンシャルズ」や「徳性ある市民の開発」に見られるような、いずれも徳目主義教育である。このことは、アメリカが100年以上前からのわが国の修身教育を見倣って、成功していると言っても過言ではない。

道徳教育とは、人格形成のための善い徳目を選んで、これをしっかり子どもに教え込み実践させるという方法は、古今東西不変の変わりのないことと考えて良いのであろう。このことから考えると、徳目を上から教え込む"日本の修身教育は悪い"と、決めつけてしまっているわが国の風潮は間違っていると言えるのではないか。

道と徳

わが国において、修身教育におけるような徳目主義教育になぜ反対するのであろうか。このことの原因の第一は、戦後アメリカ占領軍から修身教育を禁止

されたことである。そして、それに同調して修身教育は悪いと喧伝してきてしまった経緯から、現在もそれを引きずってきているのである。それほどしっかりと確とした反対理念はないのである。修身教育の内容の善し悪しを慎重に検討されたものではないのである。

しかし、わが国にはもう1つの観点がある。細かい徳目を上から教え込むという方法に異論を唱えるような風潮がある。これはわが国の独特の文化が培った教育風土があるのである。人倫の"道"を重視し、この人の道が教えられることを道徳教育の最も重要なことと考えている。このような人の道という根本的な倫理観がしっかりと身に付いてさえおれば、道徳的な細かい各"徳目"は枝葉の問題であると考える傾向がある。この人間としての根本的な倫理観さえきちっと身に付いていれば、細かい一つ一つの徳目は、それほど重要ではないという考え方である。

人の道という根本さえ身に付いておれば、細かい徳目については、他者との関わりの中で、おのずと磨かれて行くものである、という考えである。このようにして"根本の道を重視し徳目を従とする"考えとなってくるのである。このゆえに、わが国においては道徳教育における徳目主義教育に対してあまり価値を認めないのである。

日米の教育観の違い

このように、日本の道徳観は、道徳の根本である基本的な人倫の道を重視し、そのための人格形成に励もうとするのである。この場合、形として立派な徳を身に付けているような見た目や外形などの良し悪しには、それほどこだわらないという主張である。外面的にはそれほど立派な格好には見えなくても、心の奥底、人間の魂がしっかりしておれば、それも立派な人格であるというのである。形ばかりの格好の良い善行をするような良い子に対しては"イイコ症候群"などと言って、揶揄してしまう状況にもあるのである。

これに対して、アメリカの品性教育は、現実的な外見的な善悪の姿を重要視する。良い人間とは、善き徳目を身に付けて、善行を行うというプラグマティックな現実の人の姿を重視するのである。アメリカにおいては、外見上美徳な形でなければその人物はあまり良いとは言わないのである。

このことは、教育の全般にわたり言えることである。すなわち、言い換えて言えば、アメリカの教育は素朴で単純で真面目であり、日本の教育は奇妙で何かを穿って衒いすぎている面があるのではないか、と思いたくなる。アメリカの教育においては、信賞必罰が当たり前のことである。良いことをした生徒はすぐに必ず表彰される、悪いことをした生徒は必ず罰せられる。このような素朴で素直なまともな教育観を重視するのがアメリカである。

　それに対して日本においては、悪いことをしても、それは一時の"迷い"であるとか、本来は良い子であるとかの情緒論を先行させて、本来は罰せられなければならない生徒に罰を与えないようにする。また、成績優秀者や善行者などを素直に表彰することに躊躇する。このようにアメリカの教育は素直で率直である。これに対して、わが国の教育は素直さに欠けているのではないであろうか。

2　わが国の道徳教育をどのように進めるか

道徳科の指導内容

　文科省は、道徳教育の目標として、道徳的心情を育て、判断力及び実践意欲と態度を身に付けさせるなどの道徳性の涵養を主眼としている。「道徳科」で指導する内容として学習指導要領には、次の4領域を示している。各領域には、その教えられるべき道徳性の内容が"文章表現"で示されている。この文章表現から、道徳性の内容に相当する徳目や価値項目を選んで、私なりにそれぞれの領域ごとに"徳目"を抽出して下記のように示してみた。小学校から中学校に渡って、発達段階に応じて指導されるべき徳目は次のようである。

① 主として自分自身に関すること

　善悪の判断、自律、自由と責任、正直と責任、正直、誠実、節度と節制、個性の伸長、希望と勇気、努力と強い意志、真理の探究、克己と強い意志、

② 主として他の人とのかかわりに関すること

　親切と思いやり、感謝、礼儀、友情と信頼、相互理解、寛容、

③ 主として集団や社会との関わりに関すること

　規則の尊重、公平と公正、社会正義、勤労、公共の精神、家族愛、家庭生活の充実、より良い学校生活、集団生活の充実、伝統と文化の尊重、国や郷土を

愛する態度、国際理解、国際親善、順法精神、公徳心、社会参画、
④　主として生命や自然、崇高なものとの関わりに関すること
　生命の尊さ、自然愛護、感動、畏敬の念、よりよく生きる喜び、
　以上のようであり、このようにわが国の道徳教育の方向は、よく観てみれば道徳的な重要な徳目が挙げられており、立派な内容となっている。

道徳教育をどのような指導をするか

　このように教えられるべき徳目をはっきりさせ、このような立派な各内容や徳目をしっかり教え込み、それを確実に実践させるという素朴な地道な指導法を行えば、わが国の道徳教育は確実に効果を上げることになるであろう。文科省は、道徳科の教授法についての道徳学習における「資料の要件」について次のような指示をしている。
ア、人間尊重の精神にかなうもの
イ、ねらいを達成するにふさわしいもの
ウ、児童の興味関心、発達段階に応じたもの
エ、多様な価値観が引き出されて深く考えること
　となっている。このうち、ウ、のような進歩主義的教育論や、エ、のような教育の人間化論に基づく教育観の"臭い"がするところは、指導法に誤りのないように注意しなければならないところであろう。
　とにかく、道徳教育を推進して行くにあたって、徳目主義主体の品性教育的態様を重視していくのが道徳教育の王道であることを間違えてはならないのである。

道徳教育の現状

　現実のわが国の道徳教育はどのように行われているか。現在多くの道徳教育の公開授業による研究会が開かれているが、そのほとんどがモラルジレンマ法の形式で行われている。この方法は、相対的な価値観に基づく非指示的指導法である。生徒自身にそれぞれに道徳的価値観を決めさせ、教師が主導的に価値について教え込んだり、誘導したりしないで、最終的には生徒個人の価値判断に任すという方法である。
　せっかく、文科省が道徳科の4領域を定めて、これらの徳目をうまく素朴に

教え込んで行けば、わが国の道徳教育は、成功するであろうと考えられる。それは、アメリカが成功しているキャラクターエデュケーションに見られるとおりであり、戦前における修身教育におけるような徳目をそのまま素直に教え込むという方法とも一致するからである。

　当たり前のことを当たり前に行うという"凡事徹底"の精神で、道徳教育を素直に行うのが良いのである。すなわち、素直で真面目な徳目教育を行えばよいのである。このことはわが国教育学全般にわたっても言えることでもある。

3　品性教育を進める

素直な道徳教育

　当たり前で素直な道徳教育とは、徳目主義的教育である。善き人格形成のために重要な徳目を選んで、これらの徳目をしっかり教え込んでよく理解させる。このことによって、まず子どもたちに道徳的心情を高め、次の段階では、その価値判断をしっかりさせ、善行のための意欲を高め、その善行を実行する態度を身に付けさせ、実践させるのである。善行を身に付けていて、立派な品性を備えている人間形成を目指すということが、素直な道徳教育である。

　このような品性教育を推進するに当たっては、特に幼少期においては、道徳の根本論とか、人間としての倫理観とかのややこしい哲学的な理屈っぽい道徳的理念を教えることは、あまり効果はない。当たり前の素朴な徳目を素直に機械的に教え込むことが、子どもたちに良い品性を身に付けることになるのである。

悪いことはしないという指導

　また善い徳目だけを教え込むだけでは、現実的には効果の上がる道徳教育にはならないであろう。それは、ピューリタンたちの原罪論に倣うのではないが、人間は生まれながらにして決して善人としての人格を持って生まれてくるものではない。わが国においては、儒教主義思想の浸透によって、とかく性善説に基づいての道徳教育を主張する場合が多い。"悪いことをしてはいけない"ということをそれほど強調して教育する必要はないという風潮があるのである。

　深刻な暴力行為等を絶対にしてはならないということをしっかりと教え込む

ということは、善行をしっかりと行えということと同様に強調しなければならない。悪いことをした場合、規則違反をした場合は、自らが責任を取るということであって、必ず罰せられるということがしっかりと教えられなければならないのである。アメリカにおいては、良い徳目を積極的に教え込むことと同じように、生徒ハンドブックには深刻な暴力行為等をしないように細かく記載されている。その内容は、おおよそ次のようである。

　無断欠席、服装違反、授業欠課・遅刻、授業妨害、暴言・不敬行為、喫煙・飲酒、暴力・ケンカ、いじめ、麻薬、かけ事、卑猥・下品、盗み、偏見、人権侵害、など

　このような深刻な暴力行為等をしないことが、品性向上に欠かすことができない重要な指導法であることを疎かにしてはいけない。

アメリカの幼児教育の場合

　アメリカの幼児教育に詳しい山田敏子氏は、アメリカにおいては幼児の時期から善悪についてきちっと教えているという。その大要は次のようである。

　アメリカの家庭で読まれている幼児向け絵本には、徳目（やると良いこと）を教えるだけでなく、道徳的に価値の低いこと（やってはいけないこと）も教えられるようになっている。さらに、いじめられた場合の対処方法（自分の身は自分で守る方法）や自分の感情のコントロールの方法についても教えている。その結果、子どもたちは自分の気持ちを整理し、前向きの感情が身に付けられるようになる。

　例えば、ある幼児本は次のようなタイトルで構成されている。「Help Me Be Good！（良い子になるために！）」（著者 Joy Berry、SCHOLASTIC 出版）には、幼児のときから教えられるべき"悪いことをしない"ことが、分かり易く絵本で書かれている。

　①からかうこと、②いじめられること、③見せびらかすこと、④陰口を言うこと、⑤盗むこと、⑥約束を破ること、⑦威張り散らすこと、⑧壊すこと、⑨散らかすこと、⑩だますこと、⑪貪欲なこと、⑫悪ふざけをすること、⑬せんさくすること、である。

　これら13冊の絵本は日常生活の中で子どもたちの身近に起こりうる内容で構

成されていて、親が自分の子どもに道徳的社会的行動の大切さを教えるために書かれたものである。

　これらのうちで興味深いのが"いじめ"及び"からかい"についての内容である。いじめている人やからかっている人は、人を欲求不満にさせたり、動転させたりすることを自らで楽しんでいるのである。そのようないじめっ子の素振りに対して、見てみないふりをして平然とした態度を保つことが大切である。

　いじめられないためには、①無視しなさい。②対決しなさい。③逃げなさい。④助けを求めなさい。⑤あなた次第でいじめから回避できる。と教えているのである。

第4節　愛国心を育てる

　この節に関しては、愛国心教育に造詣の深い浦瀬奈苗氏の意見を下記に示す。

1　良い市民となるための教育
イギリスの「主権者教育」と"citizenship（市民性）"

　"citizenship"とは英和辞典によると、「市民権、公民権、市民としての義務」とある。しかし、実際の英国、米国、シンガポールの視察を通して、citizenship教育とは「良い市民となるための教育」というのが、その意味を解釈することに近いと考えられる。この市民性教育に問題意識をもつきっかけとなったのは、2010年にイギリスのバーミンガム市のキングエドワードファイブウェイ校を2度目の視察に行った時のことであった。

　このとき、私は教頭先生に"国を愛する心"に通じる"公共の精神"についてどのように教育をしているかを尋ねた。教頭先生は即座にそして簡潔に、「生徒に"模擬議会"をさせたりしている」との回答が返ってきた。

　わが国において、昨年から高等学校に有権者教育が導入されたことと併せて考えてみるとき、あの時のあの教頭先生の回答がやっとよく理解できた。民主主義の発展のために、イギリスでは有権者教育（選挙権という権利を有する）

より一歩踏み込んだ主権者教育（権利を有するとともに主権者としての義務と責任を負う）citizenship教育を、学校教育に取り入れていたのだ。

受け継がれてきた先人の取り組みや知恵というようなものを踏まえ、自分が暮らしている地域の在り方や自国や世界の未来について調べるのである。そこで考え、話し合うことによって、国家・社会の形成者として、現在から未来を担っていくという公共の精神を育み、まさに"社会参画"につないでいくというのである。

このプロセスに関与する方法が「選挙」である。選挙権を得て、国家や社会のルールを作ること、社会の秩序を維持し統合を図る政治の過程に参加することになる。平和で安心安全な社会を願う、持続可能な社会を目指す国民を育てるために、「公共の精神」と「愛国心」の醸成が不可欠である。

エリート教育と公共の精神

近代民主主義の発祥地、イギリスをはじめとする西欧諸国において、エリートの定義には、「社会のリーダーとして、高い地位、名誉、収入などを享受できる一方、社会的に重い責任をも負っている（ノブレス・オブリージュ：高貴なる者の社会的義務）」という考え方が根底にある。そして、エリート教育とは、才能をもって生れた者はそのリーダーシップ性をより良く育成し、同時に社会や国家に奉仕することが美徳であることを教える。このリーダーシップとノブレス・オブリージュがうまくかみ合うところにこの国の豊かな発展があるのであるのである。したがって、その国のリーダーやその国民の愛国心の高さがその国の盛衰を決めることになる。

「才能教育」や「英才教育」が、「エリート教育」における重要な側面ではあるが、「エリート教育」そのものに価値を認めるものではない点がその本意である。ハーバード大学の莫大な研究資金（約3兆円）も卒業生や企業等の寄付により賄われている。この資金の役割は、成功の報酬として必ず社会福祉に捧げることを掲げているのである。そこには教育を受ける側にも施す側にも自国を豊かに幸福にさせようとする"愛国心"がその基盤となっているのである。

個人の自由と権利のみを主張したのではやがて、競争原理に基づく大いなる格差を生じてしまう危険性を伴う。歴史はそのことを物語っている。我が国に

おいても戦前の修身教育を全ての教科の上に置くという先人の知恵もそこにある。

2 愛国心をどのようにして涵養していくか

教育基本法改正と新学習指導要領改訂の成果

平成18年に改正教育基本法が成立して以来、平成23年度から新学習指導要領の全面実施となり、5年が経過した。改革の大きな特徴は、「公共の精神」と「愛国心」であったことは記憶に新しい。教育の目標を定めた第二条三項の「正義と責任、男女の平等、自他の敬愛と協力を重んずるとともに、公共の精神に基づき、主体的に社会の形成に参画し、その発展に寄与する態度を養うこと」と、第二条五項の「伝統と文化を尊重し、それらをはぐくんできたわが国と郷土を愛するとともに、他国を尊重し、国際社会の平和と発展に寄与する態度を養うこと」と法文化された。

改正前の戦後約60年の間に、さまざまな価値観の交錯する歴史教育が展開され、その影響で、正しい愛国心教育を委縮させてしまった。また、自由と放縦を履き違え、利己主義的な個人主義に陥る人々を輩出してしまった。その結果、いじめ、不登校、学級崩壊、凶悪な青少年犯罪、モンスターペアレントなどの病理的な現象が増加してきた。

このような状況の中、教育基本法改正のための一連の経緯を経て、戦後約60年ぶりにして初めて「公共の精神」と「愛国心」が法文化された意義は大きい。現実に、徐々にそして明らかに教育現場では、そのよう影響が現れてきていて一定の成果が感じられるようになってきた。

日本の国柄

海外に行く度に思わされるのは、「日本に生まれてよかった、天皇陛下がいらっしゃることの尊さ」を痛感する。

長い歴史を持つ日本の伝統や文化を継承・発展させ、国際社会で活躍する日本人を育成するために欠かせないのは、その長い歴史の芯の存在、天皇に対する親愛の念である。天皇は日本国の象徴とされながらも、公教育の中ではほとんど触れられていない。アメリカにしても、イギリスにしても、フィンランドにしても自国の伝統を尊び、教育において次代に継承し、更なる発展を遂げる

べく努力している。「日本の総理学」において中曽根康弘元総理は、「日本とは、一神教でなく多神教の国で、自然との共生を喜び、基層においては神道、表層においては仏教の影響が大きいこと、平等を尊び、家庭が社会の重要な単位となって国家の基礎をなしている。国の構造では天皇制、文化的にはわび、さび、もののあわれのような独自の文化価値を捉え生活しているといった特徴をもっている。」と述べている。

戦後間のない日本においては、吉田内閣の文部大臣を務めた天野貞祐が次のように述べている。「われわれは独自の国柄として天皇をいただき、天皇は国民的統合の象徴である。それゆえわれわれは天皇を親愛し、国柄を尊ばなければならない。（中略）わが国の国柄の特長は長き歴史を一貫して天皇をいただいて来たところに存在している。したがって天皇の特異な位置は専制的な政治権力に基づかず、天皇への親愛は盲目的な信仰や強いられた隷属とは別である。」（天野貞祐「国民実践要領」1953年）

日本の良さを生かす「自由」な教育を展開

長い戦後の呪縛から脱却し、未来志向の「自由」な教育を展開するべきだ。グローバル化が進む現代だからこそ、日本らしさを大切にした教育が求められる。「自由」な教育とは、日本の教育の原型をとらえたものであるべきである。天野貞祐「国民実践要領」には、「独自の国柄として天皇をいただき、天皇は国民的統合の象徴であること」「われわれは天皇を親愛し、国柄を尊ばなければならないこと」「わが国の国柄の特長は長き歴史を一貫して天皇をいただいてきたところに存在していること」「したがって天皇の特異な位置は専制的な政治権力に基かず、天皇への親愛は盲目的な信仰やしいられた隷属とは別であること」などとある。国の柱を明らかにし、愛国心と天皇に対する親愛の念を涵養するための自由な教育は必須であるということを、改めて明記すべきである。このグローバル化の中で持続可能な社会の維持・発展のためには、自国の文化歴史に誇りをもち、寛容の精神で世界の人々と協力し合うことのできる人材の育成が、不可欠である。

教育再生の方策
1　徳目教育を充実させる
2　愛国心教育を充実させる

第9講
教育のレーマンコントロールを進める

第1節　アメリカのレーマンコントロール

1　アメリカの地区教育委員会
レーマンコントロールとは

　アメリカの教育は、歴史的に地方自治に任されており、その地区（コミュニティ）ごとに地区教育委員会（ディストリクト）が作られ、それぞれが独立に教育行政を行ってきている。現在全米で、約14,000ほどの地区教育委員会があり、それぞれに5名程度の教育委員が選ばれ、教育行政が行われている。
　この5名の委員は、教育職には直接関係のない素人（レーマン：アマチュア）の人、例えば、家庭の主婦、技術者、農民、会社役員、商店主、などの一般市民である。このような教育には全くの素人である教育委員が、地域住民の教育に関する率直な意見を聴いて、教育行政に反映させようとするのが教育委員会の役目である。すなわち、素人の市民たちの教育要望が教育行政に反映される仕組みとなっている。教育委員会が、一般市民の教育要求を施策化して、これを役人に命じて教育行政を行うのである。いわゆる教育関係者としては素人である教育委員が、役人を統率支配（コントロール）して教育行政を実行していくということである。
　一般の普通の市民は、わが子を規律正しく指導し学力を向上させてくれて、良い大学や良い職業に就職できるような教育をしてもらえるような教育行政を

望んでいるのである。このような市民が要求する願いを教育委員会が素直に受け容れ、それを教育行政に反映させるのである。

教育委員会とコミュニティ

　私たちがアメリカの学校を訪問し視察するとき、その学校の概要についての説明を受ける。そのときの説明者は、その学校の校長ではなく教育委員会の委員長や委員などが、学校教育の概要やコミュニティの現状などを、説明する場合がしばしばある。その説明の内容は、学校の細部にわたって、詳細かつ的確に説明する。教育委員会の委員長職がダダの飾り物の役職ではなく、その地区の土着の状況をよく知っており、それを教育行政に反映させるという責任を背負っているということがよく理解できるのである。

　彼らが一般的に強調するのは、「このコミュニティは教育には良い環境であり、学校規律はしっかりしており、学力も高く全米一である。…」と、このように臆面もなく自慢げに吹聴して説明するのがごくふつうである。このことは、アメリカにおける各地区教育委員会のそれぞれが、おらがコミュニティの教育を意識して、自分たちの教育を自分たちで良くして、その結果は、おらが学校は誇り得る教育を行っていることを市民の代表として誇示し、自慢げに説明するのである。

　彼らのこのような教育に対する自意識の高揚には、次のような大変良い効果を上げているのである。

① アカウンタビリティ（説明責任）　自分たちの納めた税金が、教育に如何に効果的に使われているかどうか、の説明責任を明確にしている。

② 競争意識が強い　おらがコミュニティ、おらが学校の意識が強く、他の地区教育委員会より、規律や学力で後れを取らないような種々な施策を積極的に採ろうとする。

③ インセンティブ（鼓舞激励）行事　一般市民とともに学校教育を良くしようとして地域のエネルギーを高揚させて、強力に現場の学校を援助する。コミュニティが、統一テストの学力向上やスポーツ振興や麻薬撲滅などの種々の教育推進運動をしたり、バンクエト（晩さん会）などを開いて、その席へ優秀教師や優秀生徒を招いて、表彰したりして鼓舞激励する。

第9講　教育のレーマンコントロールを進める

教育委員会のリーダーシップ

　教育委員会は、このようにコミュニティの教育要望をよく掴みそれを受け容れ、それに基づいて教育方針や教職員の責務を明確にして、教育行政の万全を図る。それぞれの教育現場の職責を明示し、それを管理監督する。

① 　教育方針　ここではミシガン州ウエストブルームフィールド教育委員会の教育方針を紹介する。教育を受ける側の生徒の立場に立った教育信条が10か条に渡って宣言されている。その内容は、

　　生徒に対する責任、教師の尊厳、自己抑制、他人のため、学力達成、権威の尊重、など教育行政の基本姿勢を明確にしている。教育指導の根本を宣言し、その職責の完遂を教職員に要求している。

② 　各部署の権限と責任の明示　この例としては、メリーランド州ボルティモア郡教育委員会の場合を紹介する。

- 教育委員会へ；各学校の管理を厳重にし、ボルティモア郡公立学校の生徒行動綱領（Student Conduct Code）の厳正な実施を図れ。
- 教育長へ；教育委員会の政策の推進を図るため規則の徹底と取り締まりを厳正にせよ。問題の多い学校の校長を援助せよ。
- 学校長へ；校長の責任と権限のもとに生徒行動の基準を作り、学校全体を管理し規則と基準を順守させよ。
- 教頭へ；教育委員会の政策を効率化するため、規則の順守や取り締まりを行い、校長に対して責任を負う。
- 教師へ；教育委員会の政策を忠実に守り校長に対して責任を負う。各教師は教室内やキャンパス内で規則を行使する責任と権限がある。生徒の問題行動の指導がうまくいかない場合は校長か教頭に委任せよ。
- 生徒へ；学習環境に資するマナーを確立し、自分自身で行動でき、学校やコミュニティに対しての人格や市民性や財産権利を尊重する。
- 父母や保護者へ；法律やコミュニティなどで決定されていることに対して、子どもの行動に責任を持つ。子どもが、合法的に欠席するときには学校に必ず報告しなければならない。父母は学校とコミュニティの活動に積極的に参加しなければならない。校長や教頭も出席する。

このように、教育委員会が、教育委員以下一般市民に至るまでの学校教育に尽くすべき責務を明示している。特に生徒行動綱領の確実な実施を教育指導の中心にしていることは注目される。まさに地域のオラが学校の規律正しい教育を行おうとしている意欲がよく窺われる。

2　政治が教育を主導する

真に子どものためになる教育

前掲したように、ニューヨーク市の教育行政改革は非常にうまく行っている。ブルームバーグ元ニューヨーク市長が、教育委員会制度を廃止して、教育に関わっては専門家ではない、政治家である市長が直接教育行政の責任負うという制度にした。その変革の目的は、真に子どものためになる教育として"子ども第一主義"を掲げたのである。このことは、彼の意図するところは、教育とは、父母の教育要求に応えられる教育、真に子どものためになる教育ができることを狙ったのである。それは、教育学者の哲学的な教育論よりも、父母の意見をよく受け容れることのできる政治態勢が責任を持った方が良いと考えたのである。

オバマ大統領の改革方針

① オバマ大統領の教育改革に関わる演説は多くあるが、その演説の中で最も注目されるのは、知識の向上を目指す施策である。学力向上のために特別基金を用意して教育活性化資金とした。教育標準を上げ学力を向上させた州には報奨金を、効果が上がらない州は減額にするという施策である。

② 次に注目されることは、ワシントンで操る高級官僚やロビイストや教育専門家に、教育を規制されるよりも、選挙民の教育改革の意向を直接的により多く採用する姿勢を示した。NCLB法を好まない教育の大御所や先輩たちの発想ではなく、大統領自身及びアメリカ全国民の願っている"学力を向上させる"と言う施策を明確にして政治的手腕を強く発揮した。

しかもその方向は、1965年に制定されたアファーマティブアクション（マイノリティの援助法）のもとに、黒人などマイノリティを優遇する法に拠りかかる教育は良くないとして、真の平等主義に基づく公平な教育にするべきであるとした。黒人であろうが、低所得者であろうが、ノーイクスキュースの精神を

重んじ自己責任性を重視する教育を推進して行くことを宣言した。

3　わが国の教育委員会
父母の教育要求をしっかりと取り上げていない

　わが国は、戦後教育委員会制度をアメリカから持ち込んだ形ではあるが、現在においてはその本質を違えて運用してきている。

　教育委員会の各委員は行政の任命制にしており、委員の出自や質がアメリカとは非常に違っている。わが国では、そのコミュニティの、首長と近い人、地域役職者、会社役員、大学教授、OB校長などの有力者や学識経験者や教職関係者で編成されている。いわゆる有識者やセミ教育関係者の集まりとなっていて、一種の名誉職の感えさするのである。

　教育委員会による審議事項の内容は、官僚（役人）が原案を作り、教育委員の識者たちの観念的な教育論が先行しているように思われる。そこには、父母たちの持っている切実な教育要求は、教育委員会の委員の側からはほとんど提案されては来ないのである。

　いじめや暴力などの学校規律の問題や、父母が心から望んでいる学力向上や受験指導やわが子の良き人格形成を育む道徳観の向上などの、父母の素朴な切実な要望などについての問題提起は、それほど積極的には提起されていないのである。

　この結果は、どうしても官僚主導の教育行政に流されてしまうのである。わが国における官僚主導の教育施策は、どうしても、政治的志向に顔を向け、マスコミなどに攻撃されないように、腐心する施策に陥ってしまう虞がある。この場合、父母の教育要求を素直に採り入れる施策に欠けてしまう傾向になるのである。ここには教育のレーマンコントロールとはほど遠い教育行政となってしまうのである。

　したがって、父母や納税者の切実な教育要求に的確に応えられる教育施策には、なかなかならないのである。真に子どもたちのためになる教育、すなわち"規律を正し、学力を向上させ、人格を向上させ、良き進路に向ける"というような父母の素直な教育要求に直接応えるような教育方針を明確に主張することができないのである。

このために裕福な父母たちは、形式的なリベラルな教育態勢を順守する一般の公立学校の教育を避けて、伝統的な規律と学力の向上を目指し、良い進学成績を上げる有名進学校を選択するのである。したがって、伝統的な当たり前の堅実な教育態勢を維持している一部の優秀公立校や私学や塾を選んでしまうのである。現行行われているようなわが国の教育態勢においては、結果として地位の高いお金持ちの階級に有利に働いてしまうのである。

第2節　レーマンコントロールが教育学の実学化を果たす

1　教育学は誰のものか

教育学が子どもたちのためのものになっているか

本書の第1講から、「わが国の教育は、アメリカが過去失敗した教育の後を追い、アメリカが教育を建て直した現実を知ろうとしていない」という風潮が、わが国の教育界を支配してきていることについて多々述べてきた。このゆえに、わが国の教育学は「子どもの規律を正し学力を向上させる」ための実学的な教育学になっていないところが多くあることを指摘してきた。このことの表れが、現実の学校教育にうまく適用できない奇妙な教育論が平然として横行していることも指摘してきたのである。この観点からわが国の教育を見るとき、福沢諭吉の言う学問の実学化が、現在のわが国の教育学においては、できていないというように言えるのではないか。

現場の教師が教育学の実学化を図るべきである

現実に子どもたちを教えるに当たって、例えば子どもたちが最も気に懸けている進路希望などに対してどのように応えるべきか、などについては真剣に実学的に考えられなければならない。このときに、観念的な教育論をただ鵜呑みにして、効果の上がらない指導をしていては、それは子どもたちに誠に失礼なことになるであろう。

このときにおいてこそ、現場の教師は、自らの哲学と自らの教育実践によって、自らの発想を自由にして、真に子どもたちのためになる教育指導をしていかなければならないのである。この実学的な教育指導はどのようであったらよ

いか。その重要な視点は、先人たちが効果を上げて築いてきた伝統的な当たり前の指導論こそが、教育の実学化に最もよくつながっているのである。このことは、アメリカをはじめとする諸外国の教育指導における権威や尊敬を重んじる素直な指導論が、実学的な教育学であろうことは間違いのないことである。このような実学的な教育学の集大成が、"スマートエデュケーション（真に役立つ良い教育学）" と言えるのではないであろうか。

日米の教育指導の比較

日本における教育論は、子ども中心とか、人間性重視とかの観念論が先行してしまう。例えば、ゆとりの教育とか、総合学習とか、生きる力とか、心のケア、などである。アメリカにおいては伝統的な当たり前で堅実な指導観のもとに、点数主義や規律主義や自己責任主義や競争主義を重視して、子どもの能力を最大限に伸ばそうとする実効的な指導が重視されている。これらにおける実例について、その日米比較の一端を、次のように対比してみる。

日米の教育指導の比較の表

	項目	日本	アメリカ
学習指導法の違い	学力観	ペーパーテストの得点などを嫌い、「知識、関心、意欲、態度」「生きる力」などを言う。	統一テストの得点やGPA評定など、数値で学力を表す。
	高校卒業認定	出席日数を重要視し、学力認定はほぼ行わない。	卒業資格の厳正、州統一テストなどの公的な学力で認定する。
	不登校生徒	およそ、小学校2.5万人、中学10万人、高校5.5万人程度いる。引きこもり等重大な問題を抱える。	義務教育期間（18歳までの州が多い）の不登校は放置されない。問題行動のある生徒はオルタナティブスクール等で矯正指導する。

生徒指導法の違い	規則と自己責任	管理や規則を嫌い、生徒の自主性が尊重され、問題行動が起これば教師の指導能力が問われる。	法治主義が徹底されている。「生徒行動綱領」に違反すれば生徒の自己責任が問われる。
	自由と自主性	自主性、主体性が尊重され、リベラルな自由に流されやすい。	自由と規律が尊重され、責任、権利、規律（懲罰）が明確化されている。
	生徒指導方式	教師が目線を下げ、生徒理解のもとにカウンセリング方式で行う。	権威と規則が尊重され、合理的な管理体制で行う。

　上記の例は、日本及びアメリカの特徴的な指導法の対比の一端ではあるが、ここで分かるように、アメリカは当たり前で分かり易い教育指導法でよく納得できる。これと比較して観るとき、日本の教育学における指導法は異質であると言わざるを得ない。

2　諸外国の教員の勤務態様
日本の教師は勤務態様の自由度が低い

　日本の教師は忙しい。勤務時間外にもいろいろな校務がある、時間外勤務はふつう当たり前になっている、学校規律の乱れによる授業管理の困難さ、いじめなど生徒指導の困難さ、校則や生徒ハンドブックなどの不備、カウンセリングもどきの生徒指導態様の押し付け、家庭訪問もしなければならない、長期休暇中でも出勤しなければならない、形式主義的な研究発表会などをもしなければならない、などなど、多様な職務や雑務に追い詰められている。教師（teacher）としての本来的責務である授業の規律と学習指導のほかに多くの責務と雑務がある。

　このように、現場の教師たちは、生徒の学力と規律の向上のほかに、他の用件でただただ忙しく追い回されている。このため、教師たちの中にはバーンアウト（燃え尽き症候群）の状態に陥ってしまう者も多くある。これらの教師は、本来的には心優しく生徒思いで教育熱心な教師たちに多い。もしこの学校

第9講 教育のレーマンコントロールを進める

の規律が正されていれば、彼らは教師としての権威と指導力を取り戻し自覚し積極的に生徒を指導できる優秀な教師になり得るのである。

しかし現実には、このような潜在的には能力のある優秀な教師を"指導力不足"の教師であると断じてしまう風潮があるが、このような見方は慎重に考えなければならないのである。一方、わが国の多くの教師たちは、このことに対して口を閉ざして、一言の反論もできない状況におかれているが、本当にわが国の教師の資質や能力が低いのであろうか。これらに関連することについて、諸外国の教師の勤務態様の実体と比較して、わが国の教師のおかれている勤務の態様について考えてみたい。

アメリカの教師は職務内容が明確になっている

アメリカの教職員の身分や職務内容は、明確にされている。管理職（授業をしない教師；administrator）と一般教師（授業をする教師；teacher）との2つの職制が明確になっている。管理職と一般教師の比率は、高校4：6、中学校3：7、小学校2：8と、おおよそこのような割合になっている。

管理職職員は、学校の管理運営や生徒の管理・規律指導の全責任を持つ。一般教師は、学習指導に全責任を持ち、授業中の生徒管理や規律保持に関わる職務を全うする。管理職である校長・教頭・カウンセラーなどの管理職や安全管理担当職員などは、学校の安全と危機管理と学校規律の保持に全責任を負う。

アメリカの学校においては、校長は校長室に座っているだけではない。常時ハンド通信機を携帯して学校中を巡回し監視して学校内の安全秩序の管理に万全を期している。

暴力、麻薬、いじめ、教師に反抗などのような悪徳非行の問題行為が起これば、発見したすべてのどの教師も直ちに注意を与え、その問題行為の事実と指導内容を「指導カード」に記入し、管理職に必ず報告する。このような悪徳非行的な問題生徒の指導については、その後の指導は管理職などの指導体制のもとに全面的に委任する。一般教師にとっては指導困難な生徒の問題が起こることがあるが、それらに対する指導措置は、教頭をはじめ生徒指導専門教職員等に、一切委任する。一般教師がどんな生徒でもすべてうまく指導できるなどの神話的な指導論はないのである。カウンセリングマインドで接して、心のケ

アを行えば、どんな生徒でも指導できるなどということは、アメリカの生徒指導法にはないのである。
　一般教師の勤務態様は、ふつう午前7：30頃出勤し、授業時間帯のほとんどの時間はフルタイムで教室において授業をし、授業後の午後3時ころには帰宅できる。一般教職員は、長期休業中の6、7、8月などは、自宅休暇となっており個人の自由な行動が許される。このように、アメリカの教職員の勤務の在り方は、戦前の日本の教職態勢や現在の世界における教職態勢と同じようになっている。このような恵まれた勤務態様であるから、教職という職業の人気は高く、特に女子の職業としては、最高の人気となっている。

フィンランドの教師は職務の自由度が高い

　フィンランドはPISA（国際学力評価プログラム）の成績が、いつも世界のトップレベルにある。このPISAの成績の良いことの大きな原因は、フィンランドの教員の資質の良さと指導能力の高さにあると言われている。高校生の進路希望調査を見ても教職関係を希望する生徒の割合が一番多く、教職は人気職業となっている。このことは、戦前の日本の教師観とよく似ている。旧制師範学校や高等師範学校へ優秀な人材が応募したのと同じような状況になっているのである。このことは下記に示すように、教職が高い自由度を持っている職業であることに対する評価である。
　フィンランドでは、教師職に対する権威が世間一般から高く評価されており、また学校規律も正されている。そして教師は、父母や一般市民からの絶対的信頼を得ている。現場の教師の勤務内容であるが、教師に対する高い信頼性のもとに、勤務や指導の態様に多くの自己裁量権が与えられている。それぞれの教師は教育指導に対する主体性が認められており、学校当局は、教師の独自性、多様性を認め、それぞれの教師の能力がうまく発揮できるような自由度の高い教育態様が認められている。それに対応して、教師は個々に自由に教育発想ができ、その自分で創ったプログラムを自分で追求できるようになっている。
　例えば、教員一人当たりの年間総勤務時間は決められている。個々の教員は、自らの授業時間割と自らの職責内容とを斟酌して、朝の登校時間、放課後

の下校時間などは自分で決めることができるのである。このように教員個人の勤務態勢に対しては自己裁量権が認められており、自らの勤務時間を自ら決めているのである。

さらには、父母の責務としては、教師たちの行う教師職をボランティア的に援助しなければならないというように義務化されており、年間数回以上は学校を訪れ教師の職務を手助けしなければならないのである。

また一方では、教師のインセンティブ制がしっかりと確立されている。例えばカリキュラムの根幹的基準は、国や教育委員会が決めているが、それに対して各学校においては自らによく適合できるように大幅な自主編成が認められている。このような自主編成カリキュラムが成功し、生徒の学力向上を果たすことができれば、それに対する報奨金がその教師に与えられる。このように教師個人に自由を与え、それが生徒のためになる場合は報奨金を出すという合理的なインセンティブ制ができている。

イギリスの教員の権威と責務

イギリスの学校教育は、オフステッド（教育水準監査局）によって厳格に管理指導されている。各学校における学校管理、教職員の職責とその遂行、統一テストの成績、学校規律、などの規定がしっかりと決められており、それらをきちっと報告して、その実績に関わる審査を受けなければならない。

このオフステッドの方針・指示のもとに各学校では、具体的な教育指導実施計画を立てる。この実践の成果にたいして、オフステッドが定期的に監督・検査を行う。このように、教師の責務を明らかにしてその結果に対しての評価を適正に受ける。

ここでは一例として、バーミンガムにあるキングエドワードⅥ世学校（グラマースクール）が、教職員の職責をどのように規定しているかを見てみる。

教師の責務は

① 生徒に対する接し方　思いやりと配慮、努力をサポートし励ますこと、服装は端正に活動的に、規律正しく清潔に、侮辱的言動を避け公正に、授業後は服装を正し礼儀正しく退席させる。

② 指導の効率化に関して　学習教材は質が高く適切なもの、生徒に良いマ

ナーで接しファーストネームで呼び座席配置を適切にする、生徒に目標を持たしチャレンジさせる、成就感・満足感を高揚させる、業績点や成功結果を顕彰し喜びや誇りを持たせる。
③ 担任は　パストラルリーダー（生徒援助担当主任）の指示や指導援助のもとに、学習意欲を増進させ、一般規律、礼儀、学習、課外活動などの指導を徹底する、問題生徒に関しては指導法の指示・援助を仰ぐ。
④ 　しつけ指導　毎日8：30と13：50には点呼を行い、生徒自身の自信、礼儀作法、学級週票、進歩表等を点検し、指導する。

教師の権威は
① 尊敬　この学校では、"尊敬（respect）"という教育を受ける側が絶対に持たなければならない教育の根本原理を徹底して教える、
② 教職員ハンドブック　この中に教師の指導姿勢、責務、権威の保持などが規定されていて、この規定を順守する。
③ 教師職国家基準　専門職教職員の権利と責務が国家基準として規定されている、教頭は、この国家基準に則り、教師の服装、言葉遣い、勤務態度などについて指導助言する。

第3節　アメリカと日本の教育学の違い

1　アメリカ教育学はどのようであるか

教育学者のキャリアの違い
　このことを考えるに当たって、アメリカの教育学者と日本の教育学者のキャリア（経歴）が、歴然として違っているというところを注目した。アメリカの教育学者は、下記に示す例のように、小・中・高校・教育委員会などにおける教職の実務経験が必ずある。それに比して、日本の教育学者の多くは、高校卒業後、直ちに大学の教育学部に入学し、そのあとは、哲学的、観念的に教育学を研究して、業績を上げる。その間、学校や教育委員会などの教育指導現場の教職実務には直接的には何も接することはない。

第9講　教育のレーマンコントロールを進める

テキサス州、オースチィン大学の場合

　この大学はダラスにあり、アメリカ南部における高名な教員養成大学である。5年制の大学で、4年間で学士（BA）の資格を取り、最終学年の5年生では、学生教師（student teacher）として1年間教育実習を行う。教育学は、1年と5年で行い、そのほかはそれぞれの専攻教科を学び、教えるための教師としてのそれぞれの専門教科を履修する。半数が小学校教師、他は中学、高校の教師として、専門教科の勉強を行う。

オースチィン大学の教授の履歴

　アメリカの大学の教育学部の教授は、元来は教育学以外の教科目に関わる専門教科を必ず専攻している。この専攻教科に関わって、小・中・高校の教師、校長、教頭、カウンセラー、教育委員会事務局などの教職経験を経ている。このような教職経験を経てから教育学研究のための大学院に戻り、最終的に教育学の博士（Dr）の資格を獲るのが普通である。オースチィン大学の教育学の教授は7人いるが、そのうちの5人の教授の履歴は、下記の通りである。

T教授（男）　ルイスビル大学BA（歴史と英語）、MA（修士：美術教育）、インディアナ大学Dr（カリキュラム）、教職歴は、高校教師（社会、歴史、英語）5年、インディアナ大学助手を経て、本学へ

C教授（女）　ルイスビル大学BA（英語、美術史）、MA（人間性、教育）、東テキサス大学Dr（英才教育、教育管理）、教職歴は、7年間高校英語教師、教育委員会で英才教育担当を経て、本学へ

B教授（女）　ネブラスカ大学MA（数学教育）、北テキサス大学Dr（小学校低学年教育）、教職歴は、3州において24年間中学、高校の数学教師を経て、本学へ

J教授（男）　BA（英語、教育管理）、MA（英語）、Dr（教育リーダーシップ）、教職歴は、12年間高校教師、5年間チャータースクール校長、その後大学教授

S教授（女）　BA（小学校低学年教育）、MA（教育管理と英才教育）、Dr（最近獲得予定）、教職歴は、16年間英才教育と生徒指導、7年間教育委員会の管理部長、高校校長を経て、本学へ

上記のように、アメリカの教育学者は、一般大学では一般教科の学士、修士の専攻科目を専攻し、現場の教職歴を経て、最終の博士課程で、教育学の博士（Dr）の単位を取るのである。その博士号の内容は、カリキュラム、教育管理、英才教育、生徒指導、低学年教育、リーダーシップなどの教育学のそれぞれの専門分野を専攻する。このようにアメリカの教育学者のキャリアはまことに実学的で個々にそれぞれ専門的で多様である。

　アメリカの教育学者は、日本の教育評論家の先生のように教育に関連することであるならば、いじめ、生徒指導、カウンセリング、入学試験、才能教育、道徳教育、教員規律、学校管理、などのどの問題でも何でも論評できるというような、スーパーマン的な教育学者ではないのである。

ウイスコンシン大学、W．ダンラップ博士の場合

　私の旧知であるダンラップ博士は、ウインスコンシン大学、オークレア校の教育学部教授である。彼は元来中学、高校の数学教師であった。最終はウイスコンシン大学で教育学博士を取得した。私がこのオークレア市の中学校を訪れたとき、彼は当該学校の校長や教師に案内を依頼することなく、自らでこの学校を訪れ、教室の授業その他細部にわたって案内をしてくれた。

　この学校の教育方針なども、自らで子細に説明された。それは、この中学校の教育指導方針作成に当たっては、彼自身の教育指導観を深く関与させてきたというのである。自らの教育方針を現場の学校の教師によく理解させ、現実に細かいところまで実践的に指導し、実学的な学者として協力している姿がよく分かるのである。

　このように、アメリカの教育学者は地元の学校と密接に連携し、教育実践と教育研究の２者の相互作用を現実的に行っている姿がよく見てとれるのである。

ハワイ州教育委員会とハワイ大学

　私が、1973年にイーストウエストセンターに留学していたときに、ハワイ州教育委員会のミヤサト教育長は、兼任でハワイ大学において教育管理の講座を持っていた。彼は、教育委員会を退職後にはハワイ大学の教育学部教授となった。このように大学の教育学部と現場の教育行政とは不即不離の関係にあるの

である。アメリカの教育学は、まさに実学化しているスマート教育学となっていると言ってよいのである。

2 わが国の教育学は実学的でない―どう直していくべきか
NHK 討論；どうする日本の教育―学ぶ力をどう伸ばす

　数年前、1時間半に渡って、NHK の番組で教育討論が行われた。出席者は、東京大学大学院教授と慶応大学大学院教授の他2名で行われたが、私にとっては、この内容は教育の実学化という側面から見ると、全く内容の乏しいものであった。それは、この中で、学力テスト全国一の秋田県の学校教育に対して、その成果の観方であるが、大方を批判的にみていた。そして、その教育指導に対する積極的な良い評価はなかった。

　学者先生ら4人が一致して推奨した学習指導法は、学力テストを行わなかった愛知県の犬山市の学校の例であった。この学校では、"競争か、学び合いか" を掲げて、競争を排して成功をしていると言う。例えば、算数の割り算を4人一組で、一人ひとりの解法の役割を決めて、協力して解くという "学び合い学習" を推奨していた。戦後失敗した進歩主義教育理念による生活単元学習まがいの協同的な学び合い学習を絶対的に良い学習法であるかのように評価していた。そして、この学習法を地元犬山市教育委員会に推奨し、教育委員会は、現実の学校教育の中で、子どもたちにこの学習法を一斉に行わせていることを報告した。これに対してわが国トップの教育学者たちはこの方法に感動して、褒め上げていたのであった。

　その学び合い学習とは、能力の高い生徒低い生徒など数人を同じグルーにする。そのグループ内でお互いに助け合って、例えば算数の "割り算" 学習をするというのである。私が考えるのにこの方法は間違っていると思う。割り算学習の方法などは、教師が丁寧に頭から教え込んで、繰り返し練習させれば、子どもたちは素直に理解できるものである。それを、こんな学び合い学習方式を強制される教師や子どもたちは、私から見れば可哀そうに思えてならなかった。

　また、こんな教え方をされて、父母たちは怒りを覚えないかと、私は大きな疑問を持ったのである。案の定、数年を経ずして、犬山市では市民の反発が大

きくなって、とうとう市長及び教育長の交代にまでに発展してしまったのである。このことを秋田県の統一テスト1位の実体と比較して考えてみるとき、わが国の教育学はいかに奇妙なことをあたかも真実であるかのように主張する学問であるように思えてならないのである。

このことから考えて、われわれが、現在のわが国の教育学を考えるに当たって、教育学者は学問的に自由に教育研究をされていて、それはそれで認めなければならないであろう。しかし、現実に教育行政を行う行政者や現場の学校は、真に子どもたちのためになる効果の上がる教育を行わなければならない立場にあるのである。教育行政や学校は、一般市民や父母からの教育要求を素直に取り入れて、教育効果を上げなければならない責務があるのである。この意味において、教育のレーマンコントロールの重要性をよく認識しなければならない。

教育学が自由になってほしい
本来伝統的教育とは、よく管理して、よく教え込み、よく訓練して、競争主義や鍛錬主義を効果的に活用して、教育効果を上げるのが、良い教育であると考える。この当たり前の指導原理は、伝統的に古今東西不変なものであろう。これに反して、わが国の教育学の大勢は、子ども中心主義と非管理教育主義の固い鋳型にはめ込まされてしまっていて、思考の自由を失ってしまっているかのようである。何のエビデンスもなしに、伝統的な当たり前の教育を教条的に否定してしまうような風潮が見受けられる。そのような風潮にたやすく流されてしまうのではなく、教育学を広い視野の理念の中で、伝統主義的なスマートな教育学をも含めて、自由に研究し自由に考えることができるような研究態勢になってほしいと思うのである。

現場の教師は、子ども第一主義に徹しなくてはならない
教育学者の先生たちの教育論や教育行政者たちの立場があって、現実の教育方法には、むつかしい問題のあることは事実である。現場の教師は、このような教育環境の中で、唯一最も重要視考えられなければならないことは、"子供第一主義"の教育理念である。

現場の教師たちは、現在の日本でいっぱいに流布されている眼前の教育論を

第9講　教育のレーマンコントロールを進める

良いか、悪いかを、実学的に的確に判断しなければならないという見る目を持たなければならない。真摯に実践してきた現場の教師の指導論は、観念的な教育論より数等価値があるという自負を持たなければならない。教師たちは、子どもたちの学力と規律の向上を第一義と考えて、それを実践してきて、その指導法を確たる自信として自らのスマートな教育学を打ち立てるべきである。そして、自らの教育論に対しては勇気をもって主張することが、真に子どもたちのためになるであろうことの自負を持つべきである。

3　教育再生会議は現場の教師に期待している
教師は教育再生に立ち上がるべきである

　文科省は、教育再生会議の第九次提言（平成28年5月20日）「すべての子どもたちの能力を伸ばし可能性を開花させる教育へ」を発表している。この報告書の終わりに次のように、現場の教師たちに期待する記述をしている。それには、

　「わが国の教育の中核を担うのは何といっても教師である。教師に優れた人材を確保するため、処遇の確保や、…、養成・採用・研修を通じ、不断の資質向上のための仕組みを構築するべく、教員育成指標の策定、教員養成協議会の設置、初任者研修や校内研修の一層の充実、教員研修センターの機能強化等、法改正を含め必要な施策を実施に移すこと。」と、ある。このように、教育再生会議は、現場の教師の責務や資質の向上について、大きな期待を寄せている。このことは、現場の教師が、自分の教育論について自信を持って推進すべきであるということを示しているのである。

　しかし、問題はそのすぐ後に、

　「（チームとしての学校）の体制を強化し、学校全体としての教育力を高めるため、教職員体制の充実、原則として、スクールカウンセラーの全公立小中学校、スクールソーシャルワーカーの公立中学校への配置等、専門スタッフの配置を促進すること。…。」とある。

　この文面は、表面的には非常に良い事のように見えるが、よくよく考えて見ると、このことは、現場の多くの教師の指導力を全面的に信頼できなくて、現場の教師以外の外的なカウンセリングなどの心理学的な指導法の価値と効果に

期待しているようにも見てとれる。このことは、第6講における私のカウンセリング的指導法批判にあるように、問題の多くあることをよく承知しておかなければならないところであろう。

いずれにしても、安倍内閣における教育再生の道は、着々と進められている。このときにあたり、現場の教師たちは、真に子供たちのためになるスマートな教育を素直に進めていくことである。

レーマンコントロールと教育学の実学化

現場の教師が、毎日の教育指導で苦悩しているのは、①学校の管理運営法、②学習指導法、③生徒指導法、の問題である。この現場の学校における切実な教育指導法が、現在のわが国の教育学では、実学化されていない。

このような教育学の実学化をうまく果たすための1つの有力な観点が、教育のレーマンコントロール化から教育を観ることにあるのである。上述したように、アメリカにおける地区教育委員会、政治が教育を主導する、父母の教育要求の受け入れ、現場教師の自由度の高さ、教育学者のキャリア、などの問題を素直に研究していくことが期待される。

このような研究課題の研究に価値が認められるようになれば、わが国の教育学の実学化が進み、わが国の現場の教師たちの日常の苦悩も大きく改善されてくるものと考えられる。

教育再生への提言

1　父母の教育要求を教育に素直に反映させる
2　現場の教師に教育の自由を与える

第10講
教育学を実学化しなければならない

　この講に関しては、京都大学教授高見茂先生の特別寄稿を以下のようにいただいた。

特別寄稿「教育の実学化に向けて」

記録をとることの重要性
　今からちょうど3年ほど前の2014年、米国から、Safe and Civil Schools プログラムでご活躍の著名な教育コンサルタント、ランディ・スプリック博士を京都大学へお招きし、生徒指導セミナーを開催した。そのご講演の中でスプリック博士が最も重要なことのひとつとしてお話になったことがある。それは、「記録をとること」であった。どの分野の発展においても、データを共有し、分析・検討することは欠かせない。生徒指導においても、記録を活かせば、その時選択し得る最良の指導支援やフィードバックを可能にし、また、先生自身の指導力向上へのフィードバックにもなる。

　スプリック博士のご講話の続きをもう少しご紹介したい。たとえば、ある生徒が、何らかの問題行動があるとして、本人、保護者、教員が話し合って、本人の意志を確認し、その行動を減らし、新しい習慣を身に着けることに取り組むとする。最初は1日に10回以上起こっていた問題行動が、1日3回程度までに減少し、本人も保護者も喜んでいた。その後しばらく1日3回程度の状態が続き、そのうち、問題行動は見られなくなった。

この一連の指導で、教員が記録を取り続けた場合と、取らなかった場合で、指導はどのように変わるだろうか。もし、忍耐強く記録をとっていなければどうだろうか。10回以上から３回程度までに減少した時には印象も強く、保護者からも教員からも本人にしっかりとしたフィードバックがありそうである。しかし、その後しばらく停滞し、やがて問題行動が０になる日が訪れる。記録を意識してとらなくても、問題行動が消失した日に気づけただろうか。また、停滞期に、なんとなく毎日代り映えがしないように感じられる時も、以前に比べて格段に成長していることや、また本人が継続している努力について、地道に励ましたりフィードバックしたりすることができたであろうか。また、指導者の目から、新しい習慣の定着にだいたいどれくらいの期間がかかるかという知見を客観的にとらえることができただろうか。

　もちろん、米国においても、多忙、煩雑、数値に意義を見出さない、等々から、記録をとることに抵抗感を示す人々もいる。しかし、記録を真摯につけることの軽視によって、本人の気持ちの変化、行動の変容に伴う要所・要所における大切な指導をしそびれるおそれがあるとスプリック博士は指摘する。むろん、問題行動の減少という数値のみに価値を置いている訳ではない。取組にあたっては、子どもが問題行動によって満たしている欲求について含みながら、本人とともに、現在の状態と、目指したい気持ちの状態や行動を一緒に明確にする。その状態に向けてどうするかを共有し、本人が新しい習慣を手に入れ定着させるまでサポートし続ける必要がある。そのために記録は材料として大きな役割を果たすのである。また、その実践を誰かと共有するためにも、記録は必須である。記録をとりデータ化することは、子どもの成長のタイミングを逃さず、また現場の実践を広く共有し、少しでもよい方向を模索しようとするための大変重要な材料なのである。

理論と実践がともに鍛えあうために

　したがって、私は、現場の先生方が、エビデンスベースやら、アカウンタビリティやらという言葉に圧迫感を感じたり、ひるんだりしないで、むしろ記録やデータを積極的に活用するくらいの気持ちでいてほしいと思っている。現場の先生方には、データ化することに対して漠然とした恐れが強いと思う。収集

第10講　教育学を実学化しなければならない

されたデータが、勝手に（とも言いたいくらいに）分析や解釈され、発表されたり、共有されたりすることへの恐れや、実際にそのようなことが起こって嫌な思いをした先生方もいるかもしれない。多くは、コミュニケーション不足、研究者側の説明不足、現場の先生方との認識のズレなど指摘されるが、いずれにせよ、普段からの接点の希薄さが要因のひとつである。しかし、データ収集や、数値として記録することそのものが良くないわけではない。実際の教育環境を把握し、向上させようとする場合、試行錯誤しながらも、やるしかない。

　日本の教育研究の環境は、残念ながら米国ほどには、現場の実践と理論が交流し、相互に鍛えあうという構図になっていない。米国では、公立学校の小・中・高等学校の先生方の56％が大学院を修了し、修士以上の学位を持っている（2011－2012年、2015年米国教育省データ）。すなわち、現場の先生方の半分以上が、教育分野の最先端の研究の上に、何らかの研究仮説を立てて検証し、調査を実施したり、論文を作成したりすることを通して研究を推進した経験があるということである。言うまでもなく、その量は圧倒的であり、発展のスピードも速い。研究者の方も、机上の空論で理論を空転させている場合ではなく、実際どのようにすれば教育環境の改善ができるか示さなければならない。さらに、現場の先生方と、データの収集方法や倫理規定、データ結果から言えること言えないことなど、研究の枠組みを共有できるメリットがある。

　また、現場の実践と研究が乖離していない状況は、国や自治体の教育の施策の策定にあたっても有効な調査結果が豊富であるという好循環を生んでいる。米国では、一部の人の思いつきで恣意的に教育施策が実行され、貴重な公的資金が使用されることは許されない。理論的なベースはもちろん必須、それを踏まえて実際に検証し、効果的があることが実証された成果が数多く必要で、それらのエビデンスを根拠として施策の決定がなされる。

　世界に誇る日本の教育の質の高さは、先生方の質の高さと保護者の家庭教育の支えとが大きな要因であることはゆるぎない。自信をもってほしい。しかし、それを言語化したり、体系化したりする部分で圧倒的に蓄積が脆弱であるという事実もある。だからこそ、われわれ研究者と一緒に現場の状況を検討し、ともによりよい方向を目指していきたい。

マッキンゼーに長年勤務しておられた赤羽雄二氏によれば、日米間の相対的産業競争力比較で、AI、ロボット、ビッグデータ等のICT関連の分野において急成長する米国に比して、日本の立ち遅れは2010年以降顕著なものがあり、2016年では相当に拡大している。特定分野に限らず、現在、新たな時代へ向けて、社会総がかりで変化に備えることが急務である。子どもたちが将来豊かに暮らしてくために、社会を発展させる手立ての多くは、教育が担っているのである。

社会総がかりでの教育の改善に向けて

　以上のことから、私は、日本において、教育の実学化を考えるとき、現場の先生方の地道な記録と研究者との連携が鍵となると考えている。記録がなければ、実態把握や状況の共有は難しい。時間が過ぎれば、何が起こっていたのかということさえ、漠然としてしまう。記録を通して、保護者、地域の方々、教育行政側等、多様な人とつながっていける。

　一方、さまざまな人と連携し、総がかりで教育を推進していくこの時代において、結果として表れてくる数字等のデータは、責任をどこに負わせるか探すためのものではなく、改善をめざすための指標であり、どの分野で、どの領域で何を改善することが急務かを明らかにするためのツールであると、それこそ「社会総がかりで」共通理解しておくことも重要である。社会が数値のみに目を奪われずに、データを材料のひとつとして実態を総合的にとらえる目を成熟させることが肝要である。実際には、日本の先生方は、自己評価が控えめな傾向があるので、記録をとってみると、かえって現場の先生方ご自身への自信や励ましになるケースも実は多い。

　現在、わが国の課題として、子どもたちの自己肯定感の低さが指摘されている。子どもたちを育む基盤となる社会を構成している、われわれ、大人たちはどうであろうか。お互いに思いやりを積極的に表現したり、ほめあったり、また、相手を尊重していることを相互に伝えあっているだろうか。そのようなあたたかい心の交流や、思いやりのあるフィードバック、相手を尊重するコミュニケーションがなければ本当の自己肯定感は生まれない。

　データはもちろん時に厳しい現実を明らかにすることもある。それらを真の

意味で活かし、知恵を出し合い、協力して社会の発展につなげていけるかどうかは、われわれ一人ひとりの意識と行動にかかっているのである。

執筆者等紹介

特別寄稿（第10講）
高見茂（たかみ　しげる）京都大学大学院教育学研究科長・教育学部長。国立大学法人京都大学前理事補。日本教育行政学会会長代行。関西教育行政学会会長。

著者
加藤十八（かとう　じゅうはち）志學館大学名誉教授、元愛知県立高等学校長。名古屋大学岡崎高等師範学校物理科卒業。名古屋大学教育学部付属中・高等学校教諭、名古屋大学教育学部講師、愛知県立高等学校教諭、教頭、校長歴任。イーストウエストセンター文化研究所留学、中京女子大学教授、皇學館大学講師。
主な著作：『アメリカ教育のルネッサンス』、『アメリカの事例から学ぶ学校再生の決めて』、『アメリカの事例に学ぶ学力低下からの脱却』、『ゼロトレランス』、『いじめ栄えて国亡ぶ』、『フィンランド・イギリス・アメリカ教育の成功の秘密』、『鬼教師が日本の教育を救う』など。

執筆協力者
田口要人（たぐち　ようと）産業生態科学研究所精神保健学研究室非常勤助教。産業医科大学医学部医学科卒業後、企業の産業医を務める傍ら、NPO法人国際教育事情研究会理事として海外の教育事情視察を行っている。共著書に加藤十八編集『ゼロトレランスからノーイクスキューズへ』。

浦瀬奈苗（うらせ　ななえ）広島市立舟入高等学校教諭。
安田女子大学大学院文学研究科（英文学）修了。イギリス・バーミンガム大学にて研修、アメリカ・イギリス教育事情研究。アメリ教育学会会員、日本実践教育学会会員、NPO法人国際事情研究会理事。
主な著書：『ゼロトレランスからノーイクスキューズへ』、『フィンランド・イギリス・アメリカ教育の成功の秘密』など。

笠谷和弘（かさたに　かずひろ）大阪市立中学校 指導教諭。
琉球大学法文学部文学科英文学専攻卒業、大阪教育大学大学院修了。大阪教育大学大学院講師（教職指導）、「大阪実践生徒指導研究会」を組織・運営し、「段階的・累積的指導」を提唱、日本生徒指導学会会員・日本実践教育学会会員。

高見砂千（たかみ　さち）公益財団法人未来教育研究所研究開発局長。
ハワイ州教育局インターン、オハイオ州立オハイオ大学大学院を経て、京都大学大学院教育学研究科修了。大阪市立中学校教諭、大阪市教育センター所員、大阪市教育センター指導主事、大阪市教育委員会指導主事を経て、現職。大阪教育大学非常勤講師。
主な著作：『生徒指導基準の教育再生に果たす役割－ニューヨーク市の事例』、『責任と尊重を育む新しい仕組み作りへ』、文部科学省国立教育政策研究所生徒指導センター『生徒指導資料第3集』（作成協力者）など。

風間邦治（かざま　くにはる）NPO 国際教育事情研究会理事長。
新潟大学大学院工学研究科（熱流体工学）修了。民間企業技術開発部門に従事後、私立古川学園上越高等学校教諭（数学科）。諸外国の教育制度、規律指導、道徳教育、シチズンシップ教育、才能教育などの調査研究、日本実践教育学会副会長、愛知実践教育研究会会員。

山田敏子（やまだ　としこ）名古屋学芸大学客員教授、日本実践教育学会会長。
愛知教育大学（教育学部数学科）卒業。元名古屋学芸大学教授、元愛知教育大学講師、元愛知県立高等学校校長、名古屋外国語大学講師。
主な著書：『ゼロトレランスからノーイクスキューズへ』、『フィンランド・イギリス・アメリカ教育の秘密』など

日本教育再生十講
——わが国の教育の本来あるべき姿を求めて——

平成29年3月30日　第1刷発行

著　者　加藤十八 ©
発行者　小貫輝雄
発行所　協同出版株式会社
　　　　〒101-0054　東京都千代田区神田錦町2-5
　　　　　　　　　電話 03-3295-1341（営業）
　　　　　　　　　振替 00190-4-94061

乱丁・落丁はお取り替えします。定価はカバーに表示してあります。

ISBN978-4-319-00295-5